Currys
leicht gemacht

Currys leicht gemacht

100 einfache Rezepte

PaRragon

Bath · New York · Singapore · Hong Kong · Cologne · Delhi
Melbourne · Amsterdam · Johannesburg · Auckland · Shenzhen

Realisation der deutschen Ausgabe: trans texas publishing, Köln
Übersetzung: Melanie Schirdewahn, Köln
Lektorat und Satz: Gundula Müller-Wallraf, München

ISBN 978-1-4454-4671-4

Printed in China

Hinweis
Sofern die Schale von Zitrusfrüchten benötigt wird, verwenden
Sie unbedingt unbehandelte Früchte. Sind Zutaten in Löffeln
angegeben, ist immer ein gestrichener Löffel gemeint: Ein Teelöffel
entspricht 5 ml, ein Esslöffel 15 ml.
Sofern nicht anders angegeben, wird Vollmilch (3,5 % Fett) verwen-
det. Es sollte stets frisch gemahlener schwarzer Pfeffer verarbeitet
werden. Bei Eiern und einzelnen Gemüsesorten, z. B. Kartoffeln,
verwenden Sie mittelgroße Exemplare.
Kinder, ältere Menschen, Schwangere, Kranke und Rekonvales-
zenten sollten auf Gerichte mit rohen oder nur leicht gegarten Eiern
verzichten. Die angegebenen Zeiten können von den tatsächlichen
leicht abweichen, da je nach verwendeter Zubereitungsmethode und
vorhandenem Herdtyp Schwankungen auftreten.

Inhalt

Einführung

Das Wort „Curry" leitet sich von dem tamilischen Wort „kari" ab, was einfach nur „Sauce" bedeutet und den beliebten und äußerst vielseitigen Currygerichten unserer Zeit nicht wirklich gerecht wird. Ihren Ursprung haben die köstlichen, würzigen Fleisch-, Fisch- und Gemüseeintöpfe in Indien, Pakistan, Sri Lanka und Südostasien. In den letzten Jahren haben Currys in einem regelrechten Triumphzug ganz normale Haushalte auf der ganzen Welt erobert. Kein Wunder, denn sie sind abwechslungsreich, schmackhaft und nicht halb so schwierig zu kochen, wie einem oft weisgemacht wird.

Das Geheimnis eines guten Currys liegt in der raffinierten Kombination verschiedener Gewürze und Aromen. Frische oder getrocknete Chillies, die den Gerichten ihre ganz unterschiedliche Schärfe verleihen, spielen dabei eine große Rolle, sind aber nur die Spitze des Eisbergs. Duftende Gewürze wie Koriander, Fenchelsamen und Safran liefern die aromatische Basis. Süße und saure Gewürze wie Zimt und Muskat oder Tamarinde und Kurkuma zaubern ein nuancenreiches Geschmackspanorama. Intensive Gewürze wie Bockshornklee und Senfsamen verleihen einem Gericht eine interessante Tiefe, pikant frische wie Ingwer und Zitronengras anregende Spritzigkeit.

Heutzutage führt nahezu jeder gut sortierte Supermarkt eine ganze Reihe exotischer Gewürze und andere wichtige Zutaten für ein gutes Curry, etwa thailändische Fischsauce, Kaffir-Limettenblätter, Curryblätter, frischen Koriander, Kokosmilch und verschiedene Linsen- und Erbsensorten. Wird man dort nicht fündig, hilft der Asia-Laden um die Ecke. Dort werden auch ausgezeichnete Currypasten und indische Gewürzmischungen wie Garam masala angeboten – praktisch, wenn einem die Zeit dazu fehlt, sie selbst zu machen. Viele Curryzutaten sind aber auch alles andere als exotisch: Tomaten, Paprika, Zwiebeln, Zitronen, Limetten, Pflanzenöl, Joghurt und Kräuter wie Lorbeerblatt und Minze gehören zu den echten Klassikern.

Zwar strotzen Currygerichte nur so vor Aromen, das bedeutet aber nicht zwangsläufig, dass sie auch scharf sein müssen. Die Geschmackspalette reicht von mild-cremigem Korma bis zu höllisch scharfem Vindaloo, von feinaromatischen Garnelen in Kokosmilch bis zum pikanten Do Piaza. Ohne die passende Beilage ist aber auch das leckerste Curry nur die Hälfte wert. Im letzten Kapitel dieses Buches finden sie daher Rezepte für duftenden Reis, Brot, eingelegtes Gemüse und andere feine Beilagen.

Tipps für tolle Currys

• Da Gewürze rasch an Aroma verlieren, sollten sie nur in kleinen Mengen eingekauft werden. Auch wenn Ihr Gewürzbord in der Küche dann ziemlich traurig und leer aussieht, sollten Gewürze am besten an einem kühlen, dunklen Ort aufbewahrt werden. Nach spätestens einem halben Jahr sollten die Gewürze ersetzt werden.

• Ganze Kerne oder Samen halten sich länger als fertig gemahlene Gewürze. In vielen Rezepten werden die Gewürze ungemahlen geröstet und erst anschließend frisch gemahlen, zerstoßen oder zu einer Paste verarbeitet. Verwenden Sie zum Zerkleinern eine Gewürzmühle, eine elektrische Kaffeemühle, die nur zu diesem Zweck eingesetzt wird, oder einen Mörser.

• Der Schärfegrad einer Chili ist von außen leider nicht wirklich zu erkennen. Als Faustregel gilt zwar, dass kleine, spitze Chillies schärfer sind als große, rundliche, es gibt allerdings auch Ausnahmen. Sogar Früchte von ein und demselben Strauch können hinsichtlich ihrer Schärfe variieren. Generell sind grüne (unreife) Chillies aber schärfer als rote.

• Besonders konzentriert ist die Schärfe in den inneren Membranen und Kernen der Chilifrucht. Entfernt man diese vor dem Kochen mit einem scharfen Messer, kann man die Schärfe von vornherein etwas reduzieren. Das Fruchtfleisch anschließend nach Bedarf in Ringe oder Würfel schneiden. Waschen Sie sich nach dem Umgang mit Chillies gründlich die Hände und berühren Sie auf keinen Fall empfindliche Körperteile wie Augen oder Mund. Menschen mit besonders sensibler Haut sei empfohlen, bei der Verarbeitung von Chillies Einweghandschuhe zu tragen oder sie mit Messer und Gabel zu zerkleinern.

• Frische Ingwerwurzel sollte erst geschält und dann auf einem Schneidebrett mit der flachen Seite eines Kochmessers flach gedrückt werden. Anschließend nach Rezeptangabe zerkleinern.

• Bei Zitronengras immer zuerst die trockenen Spitzen entfernen. Es sollten etwa 15 cm des Stiels übrig bleiben. Anschließend die holzigen äußeren Schichten ablösen, den Stiel auf ein Schneidebrett legen, die flache Seite eines Kochmessers darauf platzieren und den Stiel mit einem Schlag auf die Klinge aufbrechen. Dann in Scheiben schneiden und fein hacken.

• Übrigens hat Kokosmilch in Dosen nicht viel mit der Flüssigkeit aus frischen Kokosnüssen zu tun. Die Dosen-Kokosmilch ist viel dickflüssiger und cremiger. Sie wird aus dem pürierten Fruchtfleisch von Kokosnüssen gewonnen.

1

Feines Fleisch & Geflügel

Madras-Rindfleisch

FÜR 4–6 PERSONEN

1–2 getrocknete rote Chillies, gehackt

2 TL gemahlener Koriander

2 TL gemahlene Kurkuma

1 TL schwarze Senfsamen

1–2 TL Ingwerpulver

1–4 TL gemahlener Pfeffer

140 g Kokoscreme, geraspelt und in 300 ml kochendem Wasser aufgelöst

4 EL Ghee oder Pflanzenöl

2 Zwiebeln, gehackt

3 große Knoblauchzehen, gehackt

700 g mageres Rindfleisch, von Fett und Sehnen befreit, in 5 cm großen Würfeln

250 ml Rinderbrühe

Zitronensaft

Salz

Korianderblätter, zum Garnieren

frisch gekochter Reis, zum Servieren

1 Je nach gewünschtem Schärfegrad des Gerichts die Chillies mit oder ohne Kerne hacken. Das Gericht wird umso schärfer, je mehr Kerne es enthält. Chillies, Koriander, Kurkuma, Senfsamen, Ingwerpulver und Pfeffer in eine kleine Schüssel geben und mit einer kleinen Menge der Kokoscreme zu einer dünnflüssigen Paste verrühren.

2 Das Ghee oder Öl in einer großen Pfanne mit dicht schließendem Deckel bei mittlerer Hitze zerlassen. Zwiebeln und Knoblauch zugeben und unter Rühren 5–8 Minuten dünsten, bis die Zwiebeln gebräunt sind. Die Gewürzpaste zugeben und 2 Minuten mitbraten, bis sie ihren Duft entfaltet.

3 Fleisch und Brühe zugeben und alles zum Kochen bringen. Die Hitze auf niedrigste Stufe reduzieren, die Pfanne abdecken und das Rindfleisch 90 Minuten köcheln, bis es gut durchgegart ist. Gelegentlich kontrollieren, dass das Fleisch nicht am Boden ansetzt. Bei Bedarf Wasser oder Brühe zufügen.

4 Den Deckel abnehmen und unter Rühren die restliche Kokoscreme, etwas Zitronensaft und nach Belieben Salz untermischen. Alles kurz aufkochen, dann bei reduzierter Hitze ohne Deckel einkochen, bis die Sauce etwas dickflüssiger wird. Mit Korianderblättern garnieren und heiß mit gekochtem Reis servieren.

Rindfleisch-Korma mit Mandeln

FÜR 6 PERSONEN

300 ml Pflanzenöl

3 Zwiebeln, fein gehackt

1 kg mageres Rindfleisch, in Würfeln

1½ TL Garam masala

1½ TL gemahlener Koriander

1½ TL frisch gehackter Ingwer

1 EL frisch zerdrückter Knoblauch

1 TL Salz

150 g Naturjoghurt

2 Gewürznelken

3 grüne Kardamomkapseln

4 schwarze Pfefferkörner

600 ml Wasser

Chapatis, zum Servieren

Zum Garnieren

gehackte, blanchierte Mandeln

frische grüne Chiliringe

frisch gehackter Koriander

1 Das Öl in einer großen, schweren Pfanne erhitzen. Die Zwiebeln darin 8–10 Minuten unter Rühren goldbraun braten. Die Hälfte der Zwiebeln beiseitestellen.

2 Das Fleisch zu den restlichen Zwiebeln in die Pfanne geben und 5 Minuten anbraten. Vom Herd nehmen. Garam masala, Koriander, Ingwer, Knoblauch, Salz und Joghurt in einer großen Schüssel verrühren. Nach und nach das Fleisch unter den Joghurt mischen und gut darin wenden. Das Fleisch wieder in die Pfanne geben und 5–7 Minuten unter Rühren erhitzen, bis die Mischung fast braun ist.

3 Nelken, Kardamom und Pfeffer hinzufügen. Dann das Wasser einrühren, die Hitze reduzieren und alles abgedeckt 45–60 Minuten köcheln lassen. Wenn die Flüssigkeit verkocht ist, bevor das Fleisch zart ist, nochmals gut ¼ Liter Wasser zugeben und alles weitere 10–15 Minuten unter gelegentlichem Rühren köcheln. Auf vorgewärmte Teller verteilen und mit den restlichen Zwiebeln sowie gehackten Mandeln, Chiliringen und frischem Koriander garnieren. Mit Chapatis servieren.

Balti-Rindfleisch

FÜR 4 PERSONEN

2 EL Ghee oder Pflanzenöl

1 Zwiebel, in dünnen Ringen

1 Knoblauchzehe, fein gehackt

3-cm-Stück frischer Ingwer, gerieben

2 frische rote Chillies, entkernt und fein gehackt

450 g Rumpsteak, in dünnen Streifen

1 grüne Paprika, in feinen Streifen

1 gelbe Paprika, in feinen Streifen

1 EL geriebener Kreuzkümmel

1 EL Garam masala

4 Tomaten, gehackt

2 EL Zitronensaft

1 EL Wasser

Salz

frisch gehackter Koriander, zum Garnieren

Naan-Brot, zum Servieren

1 1 Esslöffel Ghee oder Öl in einer vorgewärmten Pfanne erhitzen. Die Zwiebel zugeben und bei kleiner Hitze unter gelegentlichem Rühren 8–10 Minuten goldbraun dünsten. Die Hitze auf mittlere Stufe erhöhen. Knoblauch, Ingwer, Chillies und Fleisch zugeben und 5 Minuten unter gelegentlichem Rühren anbraten, bis das Fleisch rundum gebräunt ist. Alles mit einem Schaumlöffel aus der Pfanne heben und warm halten.

2 Das restliche Ghee oder Öl in die Pfanne geben. Die Paprika zufügen und bei mittlerer Hitze unter gelegentlichem Rühren 5 Minuten dünsten, bis sie weich sind. Kreuzkümmel und Garam masala einrühren und alles 1 Minute weiterbraten.

3 Tomaten, Zitronensaft und Wasser zufügen. Alles mit Salz abschmecken und 3 Minuten köcheln lassen. Die Fleischmischung dazugeben und heiß werden lassen. Das Curry in eine vorgewärmte Servierschüssel füllen, mit Koriander garnieren und mit Naan-Brot servieren.

Pikantes Thai-Rindfleisch

FÜR 4 PERSONEN

450 g Rinderfilet

2 EL thailändische Sojasauce

2 EL Fischsauce

2 EL Pflanzen- oder Erdnussöl

3–4 Korianderwurzeln, gehackt

1 EL zerstoßene schwarze Pfefferkörner

2 Knoblauchzehen, zerdrückt

1 EL Palmzucker oder brauner Zucker

350 g Kartoffeln, gewürfelt

150 ml Wasser

1 Bund Frühlingszwiebeln, gehackt

250 g junger Blattspinat

frisch gekochter Reis oder gekochte Nudeln, zum Servieren

1 Das Rinderfilet in dicke Streifen schneiden und diese in eine flache Form geben. Sojasauce, Fischsauce, 1 Esslöffel Öl, Korianderwurzeln, Pfefferkörner, Knoblauch und Zucker in der Küchenmaschine zu einer dicken Paste verarbeiten. Die Paste zum Fleisch geben und dieses gut darin wenden. Mit Frischhaltefolie abdecken und mindestens 3 Stunden oder am besten über Nacht im Kühlschrank marinieren.

2 Das übrige Öl in einem Wok erhitzen. Das Fleisch aus der Marinade nehmen und die Marinade beiseitestellen. Die Fleischstreifen im Wok von jeder Seite 3–4 Minuten anbraten. Marinade, Kartoffeln und Wasser zugeben und alles langsam aufkochen. 6–8 Minuten köcheln lassen, bis die Kartoffelwürfel gar sind.

3 Frühlingszwiebeln und Spinat zugeben und bei schwacher Hitze mitgaren, bis der Spinat zusammenfällt. Heiß mit Reis oder Nudeln servieren.

Rindfleisch-Dhansak

FÜR 6 PERSONEN

2 EL Ghee oder Pflanzenöl

2 Zwiebeln, gehackt

3 Knoblauchzehen, fein gehackt

2 TL gemahlener Koriander

2 TL gemahlener Kreuzkümmel

2 TL Garam masala

1 TL gemahlene Kurkuma

450 g Zucchini, geschält und gehackt (alternativ Kürbisfleisch gehackt)

1 Aubergine, geschält und gehackt

4 Curryblätter

250 g rote Linsen (Masoor Dal)

1 l Wasser

Salz

1 kg Rinderschmorbraten, in Würfeln

frische Korianderblätter, zum Garnieren

Reis, zum Servieren

1 Das Ghee oder Öl in einer großen, schweren Pfanne erhitzen. Zwiebeln und Knoblauch darin bei schwacher Hitze unter gelegentlichem Rühren 8–10 Minuten goldbraun braten. Koriander, Kreuzkümmel, Garam masala und Kurkuma zufügen und unter ständigem Rühren 2 Minuten anschwitzen.

2 Zucchini, Aubergine, Curryblätter, Linsen und Wasser zugeben. Die Mischung aufkochen, dann die Hitze reduzieren und alles abgedeckt 30 Minuten köcheln lassen, bis das Gemüse gar ist. Die Pfanne vom Herd nehmen und die Mischung leicht abkühlen lassen. In der Küchenmaschine fein pürieren, falls nötig portionsweise. Wieder in die Pfanne geben und mit Salz abschmecken.

3 Das Fleisch in die Pfanne geben und alles zum Kochen bringen. Die Hitze reduzieren und alles abgedeckt 1¼ Stunden köcheln lassen. Den Deckel abnehmen und die Mischung weitere 30 Minuten köcheln, bis die Sauce eingedickt und das Fleisch ganz zart ist. Mit Korianderblättern garnieren und mit Reis servieren.

Rindfleisch-Kokos-Curry

FÜR 4 PERSONEN

1 EL gemahlener Koriander

1 EL gemahlener Kreuzkümmel

3 EL Massaman-Currypaste

150 ml Wasser

75 g Kokoscreme

450 g Rinderfilet, in Streifen

400 ml Kokosmilch aus der Dose

50 g ungesalzene Erdnüsse, fein gehackt

2 EL Fischsauce

1 TL Palmzucker oder brauner Zucker

4 Kaffir-Limettenblätter

frisch gekochter Reis mit frisch gehacktem Koriander vermischt, zum Servieren

1 Koriander, Kreuzkümmel und Currypaste in einer Schüssel verrühren. Das Wasser in einen Topf gießen, die Kokoscreme zugeben und beides erhitzen, bis sich die Creme aufgelöst hat. Die Currymischung zugeben und alles 1 Minute köcheln.

2 Das Rindfleisch in die Flüssigkeit geben und 6–8 Minuten mitköcheln. Kokosmilch, Erdnüsse, Fischsauce und Zucker einrühren und alles bei schwacher Hitze weitere 15–20 Minuten köcheln, bis das Fleisch gar ist.

3 Die Limettenblätter zugeben und 1–2 Minuten mitköcheln. Das Curry heiß mit Korianderreis servieren.

Rogan Josh

350 g Naturjoghurt

**½ TL gemahlener Asant,
in 2 EL Wasser aufgelöst**

**700 g Lammkeule ohne
Knochen, von Fett und
Sehnen befreit, in 5 cm
großen Würfeln**

**2 Tomaten, entkernt
und gewürfelt**

1 Zwiebel, gehackt

2 EL Ghee oder Pflanzenöl

**1½ EL Knoblauch-Ingwer-
Paste**

2 EL Tomatenmark

2 Lorbeerblätter

1 EL gemahlener Koriander

¼–1 TL Chilipulver

½ TL gemahlene Kurkuma

1 TL Salz

½ TL Garam masala

1 Den Joghurt in einer großen Schüssel mit dem aufgelösten Asant verrühren. Die Lammwürfel in der Marinade wenden und diese mit den Händen gründlich in das Fleisch einreiben. 30 Minuten marinieren.

2 Inzwischen Tomaten und Zwiebel im Mixer zerkleinern. Das Ghee oder Öl in einer großen Pfanne mit dicht schließendem Deckel bei mittlerer Hitze zerlassen. Die Knoblauch-Ingwer-Paste zugeben und anbraten, bis sie zu duften beginnt.

3 Tomaten-Zwiebel-Mischung, Tomatenmark, Lorbeerblätter, Koriander, Chilipulver und Kurkuma unterrühren. Die Hitze reduzieren und die Mischung bei schwacher Hitze unter gelegentlichem Rühren 5–8 Minuten köcheln.

4 Die Lammwürfel mit der Marinade und das Salz zugeben und 2 Minuten anbraten. Die Pfanne abdecken und alles bei schwacher Hitze unter gelegentlichem Rühren 30 Minuten köcheln. Das Lamm sollte genug Flüssigkeit abgeben, um nicht am Pfannenboden anzusetzen. Falls die Sauce aber zu dick wird, noch etwas Wasser unterrühren.

5 Das Fleisch mit dem Garam masala bestreuen, die Pfanne abdecken und alles weitere 15–20 Minuten köcheln, bis das Lamm zart ist. Dann alles nochmals abschmecken und sofort servieren.

Rotes Lammcurry

FÜR 4 PERSONEN

2 EL Pflanzenöl

1 große Zwiebel, in Scheiben

2 Knoblauchzehen, zerdrückt

500 g mageres Lammfleisch aus der Keule, in 3 cm großen Würfeln

2 EL rote Thai-Currypaste

150 ml Kokosmilch aus der Dose

1 EL hellbrauner Zucker

1 große rote Paprika, in breiten Streifen

150 ml Lamm- oder Rinderbrühe

1 EL thailändische Fischsauce

2 EL Limettensaft

250 g Wasserkastanien aus der Dose, abgespült und abgetropft

2 EL frisch gehackter Koriander

2 EL frisch gehacktes Basilikum, plus einige Blätter mehr zum Garnieren

Salz und Pfeffer

frisch gekochter Jasminreis, zum Servieren

1 Einen Wok stark erhitzen. Das Öl zufügen und heiß werden lassen. Zwiebel und Knoblauch hineingeben und unter ständigem Rühren 2–3 Minuten andünsten. Das Fleisch dazugeben und unter Rühren leicht anbräunen.

2 Die Currypaste unterrühren und kurz erhitzen. Kokosmilch und Zucker zugeben und alles zum Kochen bringen. Die Hitze reduzieren und die Mischung 15 Minuten unter gelegentlichem Rühren köcheln lassen.

3 Paprika, Brühe, Fischsauce und Limettensaft zugeben und alles bei geschlossenem Deckel 15 Minuten schmoren, bis das Fleisch gar ist.

4 Wasserkastanien, Koriander und Basilikum zugeben und alles mit Salz und Pfeffer abschmecken. Auf Serviertellern anrichten und mit Basilikumblättern garnieren. Sofort mit Jasminreis servieren.

Lamm-Pasanda

FÜR 4–6 PERSONEN

600 g Lammschulter oder -keule ohne Knochen

2 EL Knoblauch-Ingwer-Paste

4 EL Ghee oder Pflanzenöl

3 große Zwiebeln, gehackt

1 frische grüne Chili, entkernt und gehackt (nach Belieben)

2 grüne Kardamomkapseln, leicht zerstoßen

1 Zimtstange, in 2 Stücke gebrochen

2 TL gemahlener Koriander

1 TL gemahlener Kreuzkümmel

1 TL gemahlene Kurkuma

250 ml Wasser

150 g Crème double

4 EL gemahlene Mandeln

1½ TL Salz

1 TL Garam masala

frisch gekochter Reis, zum Servieren

Zum Garnieren

Paprikapulver

geröstete Mandelblättchen

1 Das Fleisch in dünne Scheiben schneiden. Die Scheiben zwischen zwei Lagen Frischhaltefolie mit dem Nudelholz oder Fleischhammer flach klopfen und in eine Schüssel geben. Die Knoblauch-Ingwer-Paste zugeben und mit den Händen in das Fleisch einreiben. 2 Stunden zum Marinieren kalt stellen.

2 Das Ghee oder Öl in einer großen Pfanne mit dicht schließendem Deckel bei mittlerer Hitze erwärmen. Zwiebeln und Chili zugeben und 5–8 Minuten dünsten, bis die Zwiebeln leicht gebräunt sind.

3 Kardamom, Zimt, Koriander, Kreuzkümmel und Kurkuma in die Pfanne geben und 2 Minuten mitbraten, bis die Gewürze zu duften beginnen.

4 Das Fleisch in die Pfanne geben und unter gelegentlichem Rühren 5 Minuten rundum anbräunen. Das Wasser zugeben und unter Rühren zum Kochen bringen. Die Hitze reduzieren, die Pfanne abdecken und alles 40 Minuten köcheln, bis das Lamm gar ist.

5 Crème double und Mandeln in einer Schüssel verrühren. 6 Esslöffel heißen Kochsud aus der Pfanne untermischen, dann die Mischung nach und nach unter den Pfanneninhalt rühren. Salz und Garam masala einrühren. Alles ohne Deckel und unter gelegentlichem Rühren weitere 5 Minuten köcheln. Mit Paprikapulver und Mandelblättchen garnieren und mit Reis servieren.

Lamm-Do-Piaza

FÜR 4 PERSONEN

4 Zwiebeln, in Ringen

**3 Knoblauchzehen,
grob gehackt**

**2,5-cm-Stück frischer
Ingwer, gerieben**

1 TL gemahlener Koriander

**1 TL gemahlener
Kreuzkümmel**

1 TL Chilipulver

½ TL gemahlene Kurkuma

1 TL Zimt

1 TL Garam masala

4 EL Wasser

5 EL Ghee oder Pflanzenöl

**600 g entbeintes Lamm-
fleisch, in mund-
gerechten Stücken**

6 EL Naturjoghurt

Salz und Pfeffer

**frische Korianderblätter,
zum Garnieren**

**frisch gekochter Reis,
zum Servieren**

1 Die Hälfte der Zwiebelringe mit Knoblauch, Ingwer, Koriander, Kreuzkümmel, Chilipulver, Kurkuma, Zimt, Garam masala und Wasser in einer Küchenmaschine zu einer Paste verarbeiten.

2 In einer Pfanne 4 Esslöffel Ghee oder Öl erhitzen. Die restlichen Zwiebelringe darin unter Rühren 3 Minuten andünsten. Die Pfanne vom Herd nehmen. Die Zwiebeln mit einem Schaumlöffel aus der Pfanne heben und beiseitestellen. Das restliche Ghee oder Öl in der Pfanne stark erhitzen und das Lammfleisch darin unter Rühren 5 Minuten anbräunen. Das Fleisch herausnehmen und auf Küchenpapier abtropfen lassen.

3 Die Zwiebelpaste in die Pfanne geben und bei mittlerer Hitze unter Rühren braten, bis sich das Fett absetzt. Den Joghurt einrühren. Alles mit Salz und Pfeffer würzen, dann das Fleisch wieder dazugeben und gut verrühren.

4 Die Mischung sanft zum Köcheln bringen, die Hitze reduzieren und alles abgedeckt 25 Minuten köcheln lassen. Die beiseitegestellten Zwiebelringe zugeben und alles weitere 5 Minuten köcheln. Mit Korianderblättern garnieren und sofort mit frisch gekochtem Reis servieren.

Lammcurry mit Spinat

FÜR 2–4 PERSONEN

300 ml Pflanzenöl

2 Zwiebeln, in Ringen

¼ Bund frischer Koriander

2 frische grüne Chillies, gehackt

1½ TL frisch gehackter Ingwer

½ TL frisch zerdrückter Knoblauch

1 TL Chilipulver

½ TL gemahlene Kurkuma

500 g mageres Lammfleisch, in mundgerechten Stücken

1 TL Salz

1 kg Blattspinat, gehackt

700 ml Wasser

1 frische rote Chili, fein gehackt, zum Garnieren

1 Das Öl in einer großen, schweren Pfanne erhitzen. Die Zwiebeln darin goldgelb andünsten.

2 Koriander und grüne Chillies zufügen und 3–5 Minuten unter Rühren dünsten. Die Hitze reduzieren und Ingwer, Knoblauch, Chilipulver und Kurkuma unterrühren.

3 Das Lammfleisch zugeben und 5 Minuten unter Rühren anbraten. Salz und Spinat zufügen und alles unter gelegentlichem Rühren mit einem Holzlöffel weitere 3–5 Minuten braten.

4 Das Wasser unter Rühren zugießen und alles abgedeckt bei schwacher Hitze 45 Minuten köcheln lassen. Den Deckel abnehmen und prüfen, ob das Fleisch schon zart ist. Falls nicht, umrühren, die Hitze erhöhen und alles ohne Deckel kochen, bis die überschüssige Flüssigkeit verdampft ist. Dann weitere 5–7 Minuten unter Rühren garen.

5 Lamm und Spinat auf einem vorgewärmten Servierteller anrichten, mit roter Chili garnieren und sofort servieren.

Fleischbällchen-Curry

FÜR 4 PERSONEN

500 g mageres Lammhackfleisch

1 Knoblauchzehe, zerdrückt

2,5-cm-Stück frische Ingwerwurzel, gerieben

1 frische rote Chili, entkernt und sehr fein gehackt

4 EL frisch gehackter Koriander

Salz und Pfeffer

2 EL Pflanzenöl

1 große Zwiebel, fein gehackt

2 EL Garam masala

300 ml Wasser

4 EL Mango-Chutney

150 g Naturjoghurt

Naan-Brot oder Chapatis, zum Servieren

1 Hackfleisch, Knoblauch, Ingwer, Chili und 2 Esslöffel Koriander in einer Schüssel vermengen und mit Salz und Pfeffer abschmecken. Zu 20 kleinen Kugeln formen und beiseitestellen.

2 Das Pflanzenöl in einer beschichteten Pfanne bei mittlerer Hitze erwärmen. Die Hackbällchen darin 10 Minuten unter häufigem Wenden rundum braun anbraten. Die Zwiebel zugeben und 3 Minuten mitbraten, bis sie beginnt, weich zu werden. Das Garam masala unterrühren und alles 1 weitere Minute braten.

3 Wasser und Mango-Chutney zugeben und die Mischung 10 Minuten köcheln lassen. Den Joghurt unterrühren und alles nochmals erhitzen, aber nicht mehr kochen, da die Sauce sonst gerinnt.

4 Das Curry mit dem restlichen Koriander bestreuen und mit Naan-Brot oder Chapatis servieren.

Lammcurry mit Tomaten & Aubergine

FÜR 4 PERSONEN

2 EL Pflanzenöl

**500 g Lammfilet oder
-keule, in Würfeln**

**1 große Zwiebel,
grob gehackt**

**2–3 EL rote Thai-
Currypaste**

**1 Aubergine,
in kleinen Würfeln**

**10 Tomaten, gehäutet,
entkernt und
grob gehackt**

**400 ml Kokosmilch
aus der Dose**

300 ml Lammfond

**2 EL frisch gehackter
Koriander, plus Blätter
zum Garnieren**

Naan-Brot, zum Servieren

1 Das Öl in einer großen Pfanne erhitzen. Das Lammfleisch darin portionsweise unter Rühren 8–10 Minuten rundum anbräunen. Mit einem Schaumlöffel aus der Pfanne nehmen und beiseitestellen.

2 Die Zwiebel in die Pfanne geben und 2–3 Minuten glasig dünsten. Die Currypaste zufügen und 2 Minuten unter Rühren anbraten. Die Aubergine, drei Viertel der Tomaten und das Lammfleisch zugeben und alles vermengen.

3 Kokosmilch und Fond in die Pfanne geben und alles 30–40 Minuten köcheln lassen, bis das Fleisch zart und die Flüssigkeit eingedickt ist.

4 Die restlichen Tomaten mit dem Koriander in einer kleinen Schüssel vermengen. Die Mischung unter das Curry heben. Mit Korianderblättern garnieren und sofort mit Naan-Brot servieren.

Schweinefleisch-Vindaloo

FÜR 4–6 PERSONEN

4 EL Senföl

**2 große Zwiebeln,
fein gehackt**

6 Lorbeerblätter

6 Gewürznelken

6 Knoblauchzehen, gehackt

**3 grüne Kardamom-
kapseln, leicht zerstoßen**

**1–2 frische rote Chillies,
gehackt**

**2 EL gemahlener
Kreuzkümmel**

½ TL Salz

½ TL gemahlene Kurkuma

2 EL Apfelessig

2 EL Wasser

1 EL Tomatenmark

**700 g Schweineschulter
ohne Knochen, von Fett
und Sehnen befreit, in
5 cm großen Würfeln**

1 Das Senföl in einer großen Pfanne mit dicht schließendem Deckel kurz stark erhitzen. Die Pfanne vom Herd nehmen und das Öl abkühlen lassen.

2 Das Öl bei mittlerer Hitze erneut erwärmen. Die Zwiebeln zugeben und unter Rühren 5–8 Minuten glasig dünsten.

3 Lorbeerblätter, Gewürznelken, Knoblauch, Kardamom, Chillies, Kreuzkümmel, Salz, Kurkuma und 1 Esslöffel Essig unter die Zwiebeln mischen. Das Wasser einrühren. Die Pfanne abdecken und alles 1 Minute köcheln, bis das Wasser eingekocht ist und das Fett sich abgesetzt hat.

4 Das Tomatenmark in dem restlichen Essig auflösen, in die Pfanne geben und unterrühren. Das Schweinefleisch zugeben und untermengen.

5 Gerade so viel Wasser zugeben, dass das Schweinefleisch bedeckt ist, und zum Kochen bringen. Die Hitze reduzieren, den Deckel auflegen und alles 40–60 Minuten köcheln, bis das Fleisch gar ist.

6 Falls am Ende zu viel Flüssigkeit in der Pfanne bleibt, das Fleisch mit einem Schaumlöffel aus der Pfanne heben und die Flüssigkeit bei starker Hitze auf die gewünschte Konsistenz einkochen. Das Schweinefleisch abschließend noch einmal zugeben und erwärmen. Auf vorgewärmten Serviertellern anrichten und heiß servieren.

Würziges Schweinefleisch

FÜR 4 PERSONEN

1 TL gemahlener Koriander

1 TL gemahlener Kreuzkümmel

1 TL Chilipulver

1 EL getrocknete Bockshornkleeblätter

1 TL gemahlene Bockshornkleesamen

150 g Naturjoghurt

450 g Schweinefilet, in Würfeln

4 EL Ghee oder Pflanzenöl

1 große Zwiebel, in Ringen

5-cm-Stück frischer Ingwer, fein gehackt

4 Knoblauchzehen, fein gehackt

1 Zimtstange

6 Kardamomkapseln

6 Gewürznelken

2 Lorbeerblätter

180 ml Wasser

Salz und Pfeffer

1 Koriander, Kreuzkümmel, Chilipulver, Bockshornkleeblätter und -samen in einer kleinen Schale mit dem Joghurt verrühren. Das Schweinefleisch in eine große Schüssel geben und gründlich mit der Joghurtmischung vermengen. Mit Frischhaltefolie abdecken und im Kühlschrank 30 Minuten marinieren.

2 Das Ghee oder Öl in einer großen, schweren Pfanne erhitzen und die Zwiebel darin bei mittlerer Hitze unter gelegentlichem Rühren 5 Minuten glasig dünsten. Ingwer, Knoblauch, Zimt, Kardamom, Nelken und Lorbeerblätter zugeben und alles unter Rühren 2 Minuten braten, bis die Gewürze zu duften beginnen. Das Fleisch samt Marinade und das Wasser untermischen und alles mit Salz und Pfeffer abschmecken. Aufkochen, die Hitze reduzieren und alles abgedeckt 30 Minuten köcheln lassen.

3 Den Deckel abnehmen und die Mischung bei mittlerer Hitze unter Rühren weiterbraten, bis die Flüssigkeit verdampft und das Fleisch ganz zart ist. Sofort heiß servieren.

Schweinefleisch in Tamarindensauce

FÜR 6 PERSONEN

60 g getrocknete Tamarinden, gehackt

500 ml kochendes Wasser

2 frische grüne Chillies, entkernt und grob gehackt

2 Zwiebeln, grob gehackt

2 Knoblauchzehen, grob gehackt

1 Stängel Zitronengras, (nur der weiße Teil), grob gehackt

2 EL Ghee oder Pflanzenöl

1 EL gemahlener Koriander

1 TL Kurkuma

1 TL gemahlener Kardamom

1 TL Chilipulver

1 TL Ingwerpaste

1 Zimtstange

1 kg Schweinefilet, in Würfeln

1 EL frisch gehackter Koriander, plus etwas mehr zum Garnieren

Naan-Brot, zum Servieren

frische rote Chiliringe, zum Garnieren

1 Die getrockneten Tamarinden in einer kleinen Schüssel mit dem kochenden Wasser übergießen und gut umrühren. 30 Minuten einweichen.

2 Das Einweichwasser in eine Schüssel abseihen und die Tamarinden mit dem Rücken eines Holzlöffels ausdrücken. Die Fruchtreste wegwerfen. 1 Esslöffel des Tamarindensuds mit Chillies, Zwiebeln, Knoblauch und Zitronengras in einer Küchenmaschine fein pürieren.

3 Das Ghee in einem großen Topf erhitzen. Koriander, Kurkuma, Kardamom, Chilipulver, Ingwerpaste, Zimtstange und das Chili-Zwiebel-Püree darin unter Rühren 2 Minuten anrösten.

4 Das Fleisch zugeben, unter Rühren mit der Gewürzmischung überziehen und rundum leicht anbräunen. Den verbliebenen Tamarindensud zugießen. Zum Kochen bringen und bei reduzierter Hitze abgedeckt 30 Minuten köcheln lassen. Den Deckel abnehmen und weitere 30 Minuten köcheln, bis das Fleisch gar ist. Den gehackten Koriander unterrühren. Mit Koriander und Chili garnieren und mit Naan-Brot servieren.

Rotes Curry mit Schweinefleisch

FÜR 4 PERSONEN

2 EL Pflanzenöl

1 Zwiebel, grob gehackt

2 Knoblauchzehen, gehackt

500 g Schweinefilet, in dicken Streifen

1 rote Paprika, in Würfeln

200 g kleine Champignons, in Vierteln

2 EL rote Thai-Currypaste

120 g Kokoscreme, in Würfeln

300 ml heiße Fleisch- oder Gemüsebrühe

2 EL thailändische Sojasauce

4 Tomaten, gehäutet, entkernt und gehackt

1 Handvoll frischer Koriander, gehackt

1 Das Öl in einem Wok oder einer großen Pfanne erhitzen. Zwiebel und Knoblauch zugeben und 1–2 Minuten weich dünsten, aber nicht bräunen.

2 Die Fleischstreifen zugeben und unter Wenden 3 Minuten rundum anbräunen. Paprika, Champignons und Currypaste gut untermischen.

3 Die Kokoscreme in der heißen Brühe auflösen und mit der Sojasauce in den Wok geben. Alles kurz aufkochen und dann bei reduzierter Hitze 4–5 Minuten eindicken.

4 Tomaten und Koriander zugeben und vor dem Servieren 1–2 Minuten erhitzen.

Hühnchen-Jalfrezi

FÜR 4 PERSONEN

½ **TL Kreuzkümmelsamen**

½ **TL Koriandersamen**

1 **TL Senföl**

3 **EL Pflanzenöl**

1 **große Zwiebel,
fein gehackt**

3 **Knoblauchzehen,
zerdrückt**

1 **EL Tomatenmark**

2 **Tomaten, gehäutet
und gehackt**

1 **TL Kurkuma**

½ **TL Chilipulver**

½ **TL Garam masala**

1 **TL Rotweinessig**

1 **kleine rote Paprika,
gehackt**

125 g **dicke Bohnen,
Tiefkühlware aufgetaut**

500 g **gekochtes Hähnchenbrustfilet, in mund-
gerechten Stücken**

Salz

**frische Korianderzweige,
zum Garnieren**

**frisch gekochter Reis,
zum Servieren**

1 Die Samen in einem Mörser zerstoßen und beiseitestellen. Das Senföl in einer großen Pfanne etwa 1 Minute sehr stark erhitzen. Das Pflanzenöl zugeben. Die Hitze reduzieren, dann Zwiebel und Knoblauch zufügen und 10 Minuten goldbraun dünsten.

2 Tomatenmark, Tomaten, Kurkuma, zerstoßene Samen, Chilipulver, Garam masala und Essig in die Pfanne geben und unter Rühren andünsten, bis die Gewürze ihr volles Aroma entfalten.

3 Paprika und Bohnen in die Pfanne geben und 2 Minuten unter Rühren anbraten, bis die Paprika weich ist. Das Hühnerfleisch zufügen und gut mit den anderen Zutaten vermischen. Mit Salz abschmecken. Das Gericht weitere 6–8 Minuten köcheln, bis das Fleisch vollständig erhitzt ist und die Bohnen gar sind. Mit Korianderzweigen garnieren und mit gekochtem Reis servieren.

Balti-Hühnchen

3 EL Ghee oder Pflanzenöl

**2 große Zwiebeln,
in Ringen**

3 Tomaten, in Scheiben

**½ TL schwarze
Zwiebelsamen**

4 schwarze Pfefferkörner

2 Kardamomkapseln

1 Zimtstange

1 TL Chilipulver

1 TL Garam masala

**2 TL Knoblauch-
Ingwer-Paste**

Salz

**700 g Hähnchenbrustfilet
oder Keulenfleisch,
in Würfeln**

2 EL Naturjoghurt

**2 EL frisch gehackter
Koriander, plus einige
Blätter zum Garnieren**

**2 frische grüne Chillies,
entkernt und fein
gehackt**

2 EL Limettensaft

Naan-Brot, zum Servieren

1 Das Ghee oder Öl in einer großen Pfanne erhitzen und die Zwiebeln darin bei geringer Hitze unter gelegentlichem Rühren 10 Minuten goldbraun andünsten. Tomaten, Zwiebelsamen, Pfeffer, Kardamom, Zimt, Chilipulver, Garam masala, Knoblauch-Ingwer-Paste einrühren und alles mit Salz abschmecken. Unter Rühren 5 Minuten dünsten.

2 Das Fleisch zugeben und unter ständigem Rühren 5 Minuten anbraten, bis die Fleischwürfel mit der Gewürzpaste überzogen sind. Den Joghurt unterrühren, dann alles bei geschlossenem Deckel unter gelegentlichem Rühren etwa 10 Minuten garen.

3 Gehackten Koriander, Chillies und Limettensaft unterrühren. Den Pfanneninhalt in eine Servierschale füllen und mit den Korianderblättern garnieren. Heiß mit Naan-Brot servieren.

Hähnchenschenkel mit Champignons & grünen Bohnen

2 TL Garam masala

1 TL mildes, mittelscharfes oder scharfes Currypulver

1 EL Wasser

60 g Ghee oder 4 EL Pflanzenöl

8 Hähnchenoberschenkel, entbeint, gehäutet und in Scheiben

1 kleine Zwiebel, gehackt

2 große Knoblauchzehen, zerdrückt

100 g grüne Bohnen, geputzt und in Stücken

100 g Champignons, in dicken Scheiben

2 EL Milch

Salz und Pfeffer

frische Korianderblätter, zum Garnieren

frisch gekochter Reis, zum Servieren

1 Garam masala und Currypulver in einer Schüssel mischen. Das Wasser einrühren und alles zu einer glatten Paste verarbeiten. Beiseitestellen.

2 Die Hälfte des Ghees oder Öls in einer großen Pfanne mit gut schließendem Deckel erhitzen. Hähnchenstücke und Currypaste darin 5 Minuten anbraten.

3 Zwiebel, Knoblauch und grüne Bohnen zugeben und alles weitere 5 Minuten braten, bis das Hühnerfleisch gar ist.

4 Das verbliebene Ghee und die Pilze untermischen. Sobald das Ghee schmilzt, die Milch einrühren. Mit Salz und Pfeffer abschmecken, dann die Hitze reduzieren und alles 10 Minuten unter gelegentlichem Rühren köcheln. Mit ein paar Korianderblättern garnieren und sofort mit frisch gekochtem Reis servieren.

Hühnchen-Korma

FÜR 4 PERSONEN

1 Hähnchen (etwa 1,3 kg)

250 g Butter

3 Zwiebeln, in dünnen Ringen

1 Knoblauchzehe, zerdrückt

2,5-cm-Stück frischer Ingwer, gerieben

1 TL mildes Chilipulver

1 TL gemahlene Kurkuma

1 TL gemahlener Koriander

½ TL gemahlener Kardamom

½ TL gemahlener Zimt

½ TL Salz

1 EL Kichererbsenmehl

125 ml Milch

400 g Crème double

frische Korianderblätter, zum Garnieren

frisch gekochter Reis, zum Servieren

1 Das Hühnchen in einen großen Topf geben und mit Wasser bedecken. Das Wasser zum Kochen bringen. Die Hitze reduzieren und das Hühnchen abgedeckt 30 Minuten köcheln lassen. Den Topf vom Herd nehmen, das Hühnchen herausheben und abkühlen lassen. 120 ml des Kochsuds zum Abkühlen beiseitestellen. Haut und Knochen komplett entfernen und das Fleisch in mundgerechte Stücke schneiden.

2 Die Butter in einer großen Pfanne bei mittlerer Hitze zerlassen. Zwiebeln und Knoblauch darin 3 Minuten glasig dünsten. Ingwer, Chilipulver, Kurkuma, Koriander, Kardamom, Zimt und Salz untermischen und alles weitere 5 Minuten dünsten. Hühnerfleisch sowie abgekühlten Kochsud zugeben und alles 2 Minuten erhitzen.

3 Das Kichererbsenmehl mit ein wenig Milch glatt rühren und in die Pfanne geben. Die restliche Milch zugießen. Unter Rühren aufkochen, die Hitze reduzieren und alles abgedeckt 25 Minuten köcheln lassen. Crème double unterrühren, die Pfanne abdecken und alles weitere 15 Minuten köcheln.

4 Mit Korianderblättern garnieren und heiß mit frisch gekochtem Reis servieren.

Hühnchen-Tikka-Masala

2 EL Ghee oder Pflanzenöl

1 große Knoblauchzehe, fein gehackt

1 frische rote Chili, entkernt und gehackt

2 TL gemahlener Kreuzkümmel

2 TL Paprikapulver

Salz und Pfeffer

400 g Tomaten aus der Dose, gehackt

300 g Sahne

8 Stücke gegartes Tandoori-Hühnchen

frische Korianderblätter, zum Garnieren

1 Für das Tikka Masala das Ghee oder Öl abgedeckt in einer großen Pfanne erhitzen. Knoblauch und Chili zugeben und 1 Minute unter Rühren andünsten. Kreuzkümmel und Paprikapulver einrühren, alles mit Salz und Pfeffer abschmecken und weitere 30 Sekunden braten.

2 Tomaten mit Saft und Sahne unterrühren. Die Hitze reduzieren und die Sauce 10 Minuten unter häufigem Rühren eindicken.

3 Inzwischen Knochen und Haut des Hühnchens entfernen und das Fleisch in mundgerechte Stücke schneiden.

4 Die Sauce abschmecken. Das Hühnchenfleisch zugeben, die Pfanne abdecken und alles 3–5 Minuten köcheln, bis das Fleisch vollständig erwärmt ist. Mit Korianderblättern garniert servieren.

Rotes Thai-Curry mit Huhn

FÜR 2–4 PERSONEN

6 Knoblauchzehen, gehackt

2 frische rote Chillies, gehackt

2 EL frisch gehacktes Zitronengras

1 TL abgeriebene Limettenschale

1 EL frisch gehackte Kaffir-Limettenblätter

1 EL rote Thai-Currypaste

1 EL Koriandersamen, geröstet und zerstoßen

1 EL Chiliöl

4 Hähnchenbrustfilets, in Streifen

300 ml Kokosmilch aus der Dose

300 ml Hühnerbrühe

1 EL Sojasauce

60 g ungesalzene Erdnüsse, geröstet und gemahlen

3 Frühlingszwiebeln, in schrägen Ringen

1 rote Paprika, in Streifen

3 Thai-Auberginen, in Scheiben

2 EL frisch gehackter Koriander, plus etwas mehr zum Garnieren

frisch gekochter Reis, zum Servieren

1 Knoblauch, Chillies, Zitronengras, Limettenschale, Limettenblätter, Currypaste und Koriandersamen im Mixer glatt pürieren.

2 Einen Wok bei mittlerer Hitze vorheizen, das Öl hineingeben und erhitzen. Das Fleisch zugeben und 5 Minuten unter Rühren anbraten. Mit Kokosmilch, Brühe und Sojasauce ablöschen und alles zum Kochen bringen. Die Hitze reduzieren und alles unter Rühren weitere 3 Minuten garen. Die Erdnüsse untermischen und alles weitere 20 Minuten köcheln lassen.

3 Frühlingszwiebeln, Paprika und Auberginen zugeben und alles unter gelegentlichem Rühren weitere 10 Minuten köcheln. Vom Herd nehmen und den Koriander einrühren. Mit etwas gehacktem Koriander garnieren und sofort mit frisch gekochtem Reis servieren.

Grünes Thai-Curry mit Huhn

FÜR 4 PERSONEN

2 EL Erdnuss- oder Sonnenblumenöl

2 EL grüne Thai-Currypaste

500 g Hähnchenbrustfilet, in Würfeln

2 Kaffir-Limettenblätter, grob zerpflückt

1 Zitronengrasstängel, fein gehackt

250 ml Kokosmilch aus der Dose

16 Babyauberginen, halbiert

2 EL thailändische Fischsauce

Zum Garnieren

frische Thai-Basilikumblätter

frische Kaffir-Limettenblätter, in dünnen Streifen

1 Das Öl in einem vorgewärmten Wok oder einer großen, schweren Pfanne erhitzen. Die Currypaste zugeben und unter Rühren anbraten, bis sich ihr Aroma voll entfaltet hat.

2 Fleisch, Limettenblätter und Zitronengras zugeben und alles 3–4 Minuten unter Rühren anbraten, bis das Fleisch etwas angebräunt ist. Kokosmilch und Auberginen zugeben und alles 8–10 Minuten sanft köcheln und garen.

3 Die Fischsauce unterrühren und das Curry sofort mit Thai-Basilikum- und Limettenblättern garniert servieren.

VARIATION

Die Babyauberginen können auch durch 3 grüne Paprika ersetzt werden. Dadurch wird die grüne Farbe des Currys noch intensiver.

2

Frischer Fisch & Meeresfrüchte

Fisch-Korma

FÜR 4 PERSONEN

**700 g Tilapiafilets, in 5 cm
großen Stücken**

1 EL Zitronensaft

1 TL Salz

**50 g ungesalzene
Cashewkerne**

**3 EL Sonnenblumen- oder
Olivenöl**

**5-cm-Stück Zimtstange, in
zwei Stücke gebrochen**

**4 grüne Kardamom-
kapseln, zerdrückt**

2 Gewürznelken

**1 große Zwiebel,
fein gehackt**

**1–2 frische grüne Chillies,
gehackt**

2 TL Knoblauchpaste

2 TL Ingwerpaste

150 g Sahne

50 g Naturjoghurt

¼ TL Kurkuma

½ TL Zucker

**1 EL geröstete Mandel-
blättchen, zum
Garnieren**

Naan-Brot, zum Servieren

1 Die Fischfilets auf einen großen Teller legen und vorsichtig mit Zitronensaft und ½ Teelöffel Salz einreiben. Dann 20 Minuten ziehen lassen. Die Cashewkerne in eine Schüssel geben, mit kochendem Wasser übergießen und 15 Minuten einweichen.

2 Das Öl in einem großen Schmortopf erhitzen. Zimt, Kardamom und Nelken darin bei schwacher Hitze kurz anbraten. Zwiebel, Chillies sowie Knoblauch- und Ingwerpaste hinzufügen. Die Hitze leicht erhöhen und alles unter häufigem Rühren 9–10 Minuten dünsten, bis die Zwiebel sehr weich ist.

3 Inzwischen die Cashewkerne abgießen und zusammen mit Sahne und Joghurt glatt pürieren.

4 Die Zwiebelmischung mit Kurkuma bestäuben. Cashew-paste, restliches Salz und Zucker hinzufügen. Alles gründlich vermengen und die Fischstücke nebeneinander in die Sauce legen. Alles sanft zum Köcheln bringen und abgedeckt 5 Minuten garen. Den Deckel abnehmen und vorsichtig am Topf rütteln. Die Fischstücke mit etwas Sauce überziehen. Den Topf erneut abdecken und alles weitere 3–4 Minuten garen.

5 Das Korma in eine vorgewärmte Servierschüssel füllen und mit den gerösteten Mandeln garnieren. Sofort mit Naan-Brot servieren.

Dorschcurry

FÜR 4 PERSONEN

1 EL Pflanzenöl

1 kleine Zwiebel, gehackt

2 Knoblauchzehen, gehackt

2,5-cm-Stück frischer
Ingwer, grob gehackt

2 große, vollreife Tomaten,
gehäutet und grob
gehackt

150 ml Fischfond

1 EL mittelscharfe
Currypaste

1 TL gemahlener Koriander

400 g Kichererbsen aus der
Dose, abgespült
und abgetropft

750 g Dorschfilet,
in großen Stücken

4 EL frisch gehackter
Koriander

4 EL Naturjoghurt

Salz und Pfeffer

frisch gekochter Reis,
zum Servieren

1 Das Öl in einer großen Pfanne bei schwacher Hitze erwärmen. Zwiebel, Knoblauch und Ingwer darin 4–5 Minuten unter Rühren anbraten. Vom Herd nehmen. Die Zwiebelmischung mit Tomaten und Fischfond in einer Küchenmaschine oder mit dem Pürierstab fein pürieren.

2 Die Masse zusammen mit Currypaste, gemahlenem Koriander und Kichererbsen in die Pfanne geben. Alles gut vermischen und 15 Minuten sanft köcheln lassen.

3 Die Fischstücke zugeben und alles weitere 5 Minuten leicht köcheln, bis der Fisch gar ist. Vom Herd nehmen und 2–3 Minuten ruhen lassen.

4 Frischen Koriander und Joghurt einrühren. Mit Salz und Pfeffer abschmecken und mit Reis servieren.

Fischcurry mit Reisnudeln

2 EL Pflanzen- oder Erdnussöl

1 große Zwiebel, gehackt

2 Knoblauchzehen, gehackt

100 g kleine Champignons

250 g Seeteufelfilet, in 2,5 cm großen Würfeln

250 g Lachsfilet, in 2,5 cm großen Würfeln

250 g Kabeljaufilet, in 2,5 cm großen Würfeln

2 EL rote Thai-Currypaste

400 ml Kokosmilch aus der Dose

1 Handvoll frischer Koriander, gehackt

1 TL Palmzucker oder brauner Zucker

1 TL Fischsauce

120 g Reisnudeln

3 Frühlingszwiebeln, gehackt

50 g Bohnensprossen

einige Thai-Basilikumblätter

1 Das Öl in einem Wok oder einer großen Pfanne erhitzen. Zwiebel, Knoblauch und Champignons darin weich dünsten, aber nicht bräunen.

2 Fisch, Currypaste und Kokosmilch zugeben und alles langsam aufkochen. 2–3 Minuten bei schwacher Hitze köcheln, dann die Hälfte des Korianders, Zucker und die Fischsauce untermischen. Warm stellen.

3 Die Nudeln nach Packungsangabe in heißem Wasser einweichen, dann in einem Sieb gut abtropfen lassen. Das Sieb mit den Nudeln auf einen Topf mit siedendem Wasser setzen. Frühlingszwiebeln, Bohnensprossen und den größten Teil des Basilikums zugeben und 1–2 Minuten auf den Nudeln dämpfen.

4 Die Nudeln auf vorgewärmte Teller verteilen und das Fischcurry darübergeben. Mit dem restlichen Koriander und Basilikum bestreuen und sofort servieren.

Thai-Curry mit gedämpftem Wolfsbarsch

FÜR 4 PERSONEN

100 g Kokoscreme

150 ml kochendes Wasser

2 EL grüne Currypaste

1 EL thailändische Fischsauce

1 Ei, verquirlt

450 g Wolfsbarschfilet ohne Haut, in 5 cm langen Stücken

1 EL frischer Koriander, grob gehackt

1 EL frische Minze, grob gehackt

1 EL frisches Basilikum, grob gehackt

4 frische Kaffir-Limettenblätter, in feinen Streifen

frisch gekochter Jasminreis, zum Servieren

1 Die Kokoscreme in einer Schüssel mit dem kochenden Wasser übergießen und beides zu einer Paste verrühren. Currypaste, Fischsauce und Ei zugeben und alles mit einer Gabel verquirlen.

2 Fischstücke, gehackte Kräuter und Kaffir-Limettenblätter in eine hitzebeständige Schüssel füllen. Den Fisch mit der Kokosmischung übergießen. Die Schüssel mit Frischhaltefolie abdecken und in einen Dämpfeinsatz über einen Topf mit kochendem Wasser setzen.

3 Den Fisch 15 Minuten dämpfen, dann behutsam wenden, erneut abdecken und weitere 5 Minuten dämpfen, bis er gerade gar und die Sauce leicht gestockt ist. Sofort mit Jasminreis servieren.

Balti-Fischcurry

FÜR 4–6 PERSONEN

900 g dicke Fischfilets, z.B. Meerbarbe, Kabeljau, Heilbutt oder Seeteufel, in großen Würfeln

2 Lorbeerblätter, zerzupft

150 g Ghee oder 150 ml Pflanzenöl

2 große Zwiebeln, gehackt

1 TL Salz

150 ml Wasser

frische Korianderblätter, zum Garnieren

Marinade

½ EL Knoblauch-Ingwer-Paste

1 frische grüne Chili, entkernt und gehackt

1 TL gemahlener Koriander

1 TL gemahlener Kreuzkümmel

½ TL gemahlene Kurkuma

¼– ½ TL Chilipulver

Salz

1 EL Wasser, nach Bedarf etwas mehr

1 Für die Marinade Knoblauch-Ingwer-Paste, Chili, Koriander, Kreuzkümmel, Kurkuma, Chilipulver und nach Belieben Salz in einer großen Schüssel vermengen. Das Wasser unterrühren, sodass eine dünnflüssige Paste entsteht. Die Fischwürfel zugeben und sorgfältig in der Marinade wenden. Die Lorbeerblätter unterheben und alles 30 Minuten bis 4 Stunden im Kühlschrank marinieren.

2 Den Fisch 15 Minuten vor der Zubereitung aus dem Kühlschrank nehmen. Das Ghee oder Öl in einem Kadhai, einem Wok oder einer großen Pfanne bei mittlerer Hitze erwärmen. Die Zwiebeln zugeben, mit dem Salz bestreuen und unter häufigem Rühren 8 Minuten dünsten, bis sie leicht gebräunt sind.

3 Den Fisch mit den Lorbeerblättern in die Pfanne geben und das Wasser vorsichtig unterrühren. Alles kurz aufkochen, dann sofort die Hitze reduzieren und den Fisch 4–5 Minuten sanft köcheln. Den Fisch dabei ständig mit Sauce übergießen und vorsichtig in der Pfanne wenden, bis er durchgegart ist und leicht zerfällt. Das Gericht nochmals abschmecken und mit Korianderblättern garniert servieren.

Bengalisches Fischcurry

FÜR 4–8 PERSONEN

1 TL gemahlene Kurkuma

1 TL Salz

1 kg Seeteufel- oder Dorschfilet ohne Haut, in mundgerechten Stücken

6 EL Senföl

4 frische grüne Chillies, entkernt und grob gehackt

1 TL fein gehackter Ingwer

1 TL zerdrückter Knoblauch

2 Zwiebeln, fein gehackt

2 Tomaten, fein gehackt

½ l Wasser

frisch gehackter Koriander, zum Garnieren

Naan-Brot, zum Servieren

1 Kurkuma und Salz in einer kleinen Schale vermengen und die Mischung über die Fischstücke verteilen.

2 Das Senföl in einer großen, schweren Pfanne erhitzen. Den Fisch darin hellgelb braten, dann mit einem Schaumlöffel aus der Pfanne heben und beiseitestellen.

3 Chillies, Ingwer, Knoblauch, Zwiebeln und Tomaten in einem Mörser oder einer Küchenmaschine zu einer feinen Paste verarbeiten.

4 Die Gewürzpaste in eine saubere Pfanne geben und darin goldbraun anschwitzen.

5 Die Pfanne vom Herd nehmen, die Fischstücke vorsichtig zugeben, da sie leicht auseinanderfallen. Die Pfanne wieder auf den Herd stellen, das Wasser zugießen und alles bei mittlerer Hitze 15–20 Minuten köcheln. Auf vorgewärmten Tellern anrichten, mit gehacktem Koriander garnieren und mit Naan-Brot servieren.

Grünes Thai-Curry mit Fisch

FÜR 4 PERSONEN

2 EL Pflanzenöl

1 Knoblauchzehe, gehackt

2 EL grüne Thai-Currypaste

1 kleine Aubergine, in Würfeln

120 ml Kokosmilch aus der Dose

2 EL thailändische Fischsauce

1 TL Zucker

250 g festes weißes Fischfilet, in mundgerechten Stücken

120 ml Fischfond

2 Kaffir-Limettenblätter, in feinen Streifen

15 frische Thai-Basilikumblätter

frischer Dill, zum Garnieren

1 Das Öl in einer großen Pfanne oder einem vorgewärmten Wok erhitzen. Den Knoblauch darin unter Rühren goldgelb braten. Die Currypaste zugeben und ein paar Sekunden unter Rühren andünsten, dann die Aubergine zugeben. Alles etwa 4–5 Minuten unter Rühren braten, bis die Aubergine weich geworden ist.

2 Die Kokosmilch zugeben. Aufkochen und rühren, bis sie andickt und leicht gerinnt. Fischsauce und Zucker zugeben und gut unterrühren.

3 Fischstücke und Fond zufügen. 3–4 Minuten unter gelegentlichem Rühren köcheln lassen, bis der Fisch gar ist. Limettenblätter und Thai-Basilikum zugeben und alles 1 weitere Minute köcheln. In eine große, vorgewärmte Servierschale füllen, mit Dill garnieren und sofort servieren.

Thai-Fisch

FÜR 4 PERSONEN

Saft von 1 Limette

**4 EL thailändische
Fischsauce**

**2 EL thailändische
Sojasauce**

**1 frische rote Chillies,
entkernt und gehackt**

**350 g Seeteufelfilet,
in Würfeln**

**350 g Lachsfilet ohne Haut,
in Würfeln**

**400 ml Kokosmilch
aus der Dose**

**3 frische Kaffir-
Limettenblätter**

1 EL rote Currypaste

**1 Stängel Zitronengras
(nur der weiße Teil),
fein gehackt**

**frisch gekochter Jasmin-
reis, gemischt mit frisch
gehacktem Koriander,
zum Servieren**

1 Limettensaft, die Hälfte der Fischsauce und die Sojasauce in einer flachen Schüssel verrühren. Chillies und Fisch zugeben, gut in der Marinade wenden und mit Frischhaltefolie abgedeckt 1–2 Stunden oder über Nacht im Kühlschrank marinieren.

2 Die Kokosmilch in einem Topf zum Kochen bringen. Limettenblätter, Currypaste, die verbliebene Fischsauce und das Zitronengras einrühren. Alles 10–15 Minuten sanft köcheln lassen.

3 Den Fisch mitsamt der Marinade zugeben und alles weitere 4–5 Minuten sanft köcheln, bis der Fisch gar ist. Heiß mit Korianderreis servieren.

Meeresfrüchte in Kokosmilch

2 EL Pflanzen- oder Erdnussöl

6 Frühlingszwiebeln, grob gehackt

2,5-cm-Stück frischer Ingwer, gerieben

2–3 EL rote Thai-Currypaste

400 ml Kokosmilch aus der Dose

150 ml Fischfond

4 Kaffir-Limettenblätter

1 Stängel Zitronengras, in 2 Stücke gebrochen

350 g weißes Fischfilet, in Würfeln

250 g Tintenfischringe und Tentakel

250 g große, gegarte Garnelen, ausgelöst

1 EL Fischsauce

2 EL Sojasauce

4 EL frisch gehackter chinesischer Schnittlauch

frisch gekochter Reis, zum Servieren

1 Das Öl in einem Wok oder einer großen Pfanne erhitzen. Frühlingszwiebeln und Ingwer darin unter Rühren 1–2 Minuten anbraten. Die Currypaste zugeben und alles unter Rühren weitere 1–2 Minuten braten.

2 Kokosmilch, Fischfond, Limettenblätter und Zitronengras zugeben. Kurz aufkochen, dann die Hitze reduzieren und alles 1 Minute köcheln.

3 Fischfilet, Tintenfisch und Garnelen zugeben und alles 3 Minuten köcheln, bis der Fisch gar ist. Fischsauce, Sojasauce und Schnittlauch unterrühren. Mit Reis servieren.

Meeresfrüchte-curry

1 EL Pflanzen- oder Erdnussöl

3 Schalotten, fein gehackt

2,5-cm-Stück frischer Galgant, geschält und in dünnen Scheiben

2 Knoblauchzehen, gehackt

400 ml Kokosmilch aus der Dose

2 Stängel Zitronengras, in je 2 Stücke gebrochen

4 EL Fischsauce

2 EL Chilisauce

250 g rohe Riesengarnelen, ausgelöst und Darmfäden entfernt

250 g kleine Tintenfische, küchenfertig, in dicken Ringen

250 g Lachsfilet, gehäutet und in Würfeln

150 g Thunfischsteak, in großen Würfeln

200 g Miesmuscheln, abgebürstet und Bärte entfernt

frischer chinesischer Schnittlauch, zum Garnieren

frisch gekochter Reis, zum Servieren

1 Das Öl in einem großen Wok erhitzen. Schalotten, Galgant und Knoblauch darin 1–2 Minuten unter Rühren weich dünsten. Kokosmilch, Zitronengras, Fisch- und Chilisauce zugeben. Aufkochen, dann die Hitze reduzieren und alles 1–2 Minuten köcheln.

2 Garnelen, Tintenfische, Lachs und Thunfisch zugeben und 3–4 Minuten mitköcheln, bis sich die Garnelen rosa färben und der Fisch gar ist.

3 Die Muscheln zugeben. Alles abgedeckt 1–2 Minuten köcheln, bis sich die Muscheln geöffnet haben. Ungeöffnete Muscheln entfernen. Mit dem chinesischen Schnittlauch garnieren und sofort mit dem Reis servieren.

Meeresfrüchte-curry aus Goa

FÜR 4–6 PERSONEN

3 EL Pflanzen- oder Erdnussöl

1 EL schwarze Senfsamen

12 frische oder 1 EL getrocknete Curryblätter

6 Schalotten, fein gehackt

1 Knoblauchzehe, zerdrückt

1 TL gemahlene Kurkuma

½ TL gemahlener Koriander

¼– ½ TL Chilipulver

150 g Kokoscreme, geraspelt und in 300 ml kochendem Wasser aufgelöst

500 g dickes weißes Fischfilet, z. B. Kabeljau oder Seeteufel, in großen Würfeln

450 g große, rohe Garnelen, ausgelöst und Darmfäden entfernt

Saft und abgeriebene Schale von 1 Limette

Salz

Limettenspalten, zum Servieren

1 Das Öl in einem Wok oder einer großen Pfanne stark erhitzen. Die Senfsamen zugeben und 1 Minute braten, bis sie platzen. Die Curryblätter zufügen.

2 Schalotten und Knoblauch zugeben und 5 Minuten mitbraten, bis sich die Schalotten goldgelb färben. Kurkuma, Koriander und Chilipulver zufügen und alles 30 Sekunden braten.

3 Die aufgelöste Kokoscreme unterrühren. Kurz aufkochen, dann die Hitze reduzieren und alles weitere 2 Minuten unter Rühren köcheln lassen.

4 Die Fischwürfel zugeben und alles bei schwacher Hitze 1 Minute köcheln lassen. Den Fisch dabei immer wieder mit Sauce begießen und sehr vorsichtig wenden. Die Garnelen zufügen und alles weitere 4–5 Minuten köcheln, bis der Fisch durchgegart ist und die Garnelen sich rosa färben.

5 Die Hälfte des Limettensafts zugeben, dann mit weiterem Limettensaft und Salz abschmecken. Mit der Limettenschale garnieren und mit Limettenspalten servieren.

Meeresfrüchte-curry mit Mango

FÜR 4 PERSONEN

2 EL Erdnussöl

1 rote Zwiebel, fein gehackt

2 Knoblauchzehen, zerdrückt

4 EL milde Currypaste

400 ml Kokosmilch aus der Dose

abgeriebene Schale von 1 Limette

3 EL gemahlene Mandeln

400 g gemischte Meeresfrüchte, Tiefkühlware aufgetaut und abgetropft

1 kleine, reife Mango, geschält, entsteint und in Würfeln

2 EL grob gehackter frischer Koriander, zum Garnieren

1 Das Erdnussöl in einem schweren Topf bei mittlerer Hitze erwärmen. Zwiebel und Knoblauch darin 4 Minuten weich dünsten. Die Currypaste zugeben und unter gelegentlichem Rühren 2 Minuten mitdünsten.

2 Kokosmilch und Limettenschale einrühren und alles 3 Minuten köcheln lassen. Die gemahlenen Mandeln und die aufgetauten Meeresfrüchte untermischen. Die Mischung zum Kochen bringen, dann die Hitze reduzieren und alles 3 Minuten köcheln, bis die Meeresfrüchte gerade gar sind.

3 Die Mangowürfel einrühren und 1 Minute erhitzen. Mit Koriander garnieren und heiß servieren.

Reisnudeln mit Meeresfrüchten

FÜR 4 PERSONEN

2 EL Erdnuss- oder Pflanzenöl

6 Frühlingszwiebeln, in 2,5 cm großen Stücken

1 große Karotte, in dünnen Stiften

50 g grüne Bohnen, in kurzen Stücken

2 EL rote Thai-Currypaste

750 ml Kokosmilch aus der Dose

250 g weißes Fischfilet, z. B. Dorsch, gehäutet und in 2,5 cm großen Würfeln

250 g Tintenfisch, in dicken Ringen

250 g rohe Riesengarnelen, ausgelöst und Darmfäden entfernt

60 g Bohnensprossen

120 g getrocknete Reisnudeln, gekocht und abgetropft

1 Handvoll frisch gehackter Koriander

1 Handvoll frische Thai-Basilikumblätter, zum Garnieren

1 Das Öl in einem vorgewärmten Wok erhitzen. Frühlingszwiebeln, Karotte und Bohnen darin bei mittlerer Hitze 2–3 Minuten unter Rühren andünsten, bis sie beginnen, weich zu werden.

2 Erst die Currypaste, dann die Kokosmilch einrühren. Alles langsam unter Rühren zum Kochen bringen. Die Hitze reduzieren und die Mischung 2–3 Minuten köcheln lassen. Fisch, Meeresfrüchte und Bohnensprossen zugeben und 2–3 Minuten köcheln, bis der Fisch gar ist und die Garnelen sich rosa färben.

3 Die Reisnudeln und den Koriander einrühren und 1 Minute mitköcheln. Mit Thai-Basilikum garnieren und sofort heiß servieren.

Tandoori-Garnelen

FÜR 4 PERSONEN

4 EL Naturjoghurt

**2 frische grüne Chillies,
entkernt und gehackt**

**½ EL Knoblauch-Ingwer-
Paste**

**Samen von 4 grünen
Kardamomkapseln**

**2 TL gemahlener
Kreuzkümmel**

1 TL Tomatenmark

¼ TL gemahlene Kurkuma

¼ TL Salz

**1 Prise Chilipulver,
vorzugsweise Kaschmir-
Chilipulver**

**24 rohe Riesengarnelen,
ausgelöst, Darmfäden
entfernt, aber
mit Schwanzenden**

1 TL Pflanzenöl

**Zitronen- oder
Limettenspalten,
zum Servieren**

1 Joghurt, Chillies und Knoblauch-Ingwer-Paste in einem kleinen Mixer, einer Gewürzmühle oder einem Mörser zu einer Paste verarbeiten. Die Paste in eine große Schüssel geben. Kardamomsamen, Kreuzkümmel, Tomatenmark, Kurkuma, Salz und Chilipulver unterrühren.

2 Die Garnelen in die Schüssel geben und mit den Händen sorgfältig in der Joghurtmarinade wenden. Die Schüssel mit Frischhaltefolie abdecken und die Garnelen 30 Minuten bis 4 Stunden im Kühlschrank marinieren.

3 Eine große Tawa oder Pfanne so stark erhitzen, bis ein Wassertropfen auf der heißen Fläche „tanzt". Das Öl mit Küchenpapier oder einem Backpinsel in der Pfanne verteilen.

4 Die Garnelen mit einer Küchenzange aus der Marinade nehmen und die überschüssige Marinade in die Schüssel abtropfen lassen. Die Garnelen in die Pfanne geben und 2 Minuten braten, dann wenden und weitere 1–2 Minuten braten, bis sie sich rosa färben, krümmen und auch in der Mitte nicht mehr glasig sind. Sofort mit den Zitronen- oder Limettenspalten servieren.

Garnelen-Biryani

FÜR 8 PERSONEN

1 TL Safranfäden

4 EL lauwarmes Wasser

2 Schalotten, grob gehackt

3 Knoblauchzehen, zerdrückt

1 TL frisch gehackter Ingwer

2 TL Koriandersamen

½ TL schwarze Pfefferkörner

2 Gewürznelken

2 grüne Kardamomkapseln

½ Zimtstange

1 TL gemahlene Kurkuma

1 grüne Chili, gehackt

½ TL Salz

2 EL Ghee oder Butter

1 TL schwarze Senfkörner

500 g rohe Riesengarnelen, ausgelöst und Darmfäden entfernt

300 ml Kokosmilch

300 g Naturjoghurt

frisch gekochter Reis

Zum Garnieren

gehobelte Mandeln, geröstet

1 Frühlingszwiebel, in feinen Ringen

frische Korianderzweige

1 Den Safran 10 Minuten im lauwarmen Wasser einweichen. Schalotten, Knoblauch, Ingwer, Gewürze, Chili und Salz in einem Mörser zu einer Paste verarbeiten.

2 Ghee oder Butter in einer Pfanne erhitzen und die Senfkörner zufügen. Sobald sie aufplatzen, die Garnelen zugeben und 1 Minute bei starker Hitze anbraten. Gewürzpaste, Kokosmilch und Joghurt einrühren und alles 20 Minuten köcheln lassen.

3 Die Garnelenmischung auf Servierschalen verteilen. Mit Reis bedecken und mit dem Safranwasser beträufeln. Mit Mandeln, Frühlingszwiebeln und Koriander garnieren und sofort servieren.

Garnelen mit Spinat

FÜR 4–6 PERSONEN

150 ml Pflanzenöl

½ TL Senfkörner

**½ TL Schwarzkümmel-
samen (Nigella)**

2 Tomaten, in Scheiben

**350 g Blattspinat,
grob gehackt**

**1 TL frisch gehackte
Ingwerwurzel**

**1 Knoblauchzehe,
zerdrückt**

1 TL Chilipulver

1 TL Salz

**250 g rohe Garnelen,
Tiefkühlware, aufgetaut
und abgetropft**

1 Das Öl in einer großen Pfanne erwärmen und Senf- sowie Schwarzkümmelsamen darin anbraten.

2 Die Hitze reduzieren. Tomaten, Spinat, Ingwer, Knoblauch, Chilipulver und Salz zugeben und alles 5–7 Minuten unter Rühren dünsten.

3 Die abgetropften Garnelen dazugeben. Alles gut vermengen, dann die Pfanne abdecken und alles bei schwacher Hitze 7–10 Minuten köcheln lassen.

4 In eine angewärmte Servierschüssel geben und sofort heiß servieren.

Bengalische Koriandergarnelen

FÜR 4 PERSONEN

4 frische grüne Chillies, entkernt

4 Frühlingszwiebeln, gehackt

3 Knoblauchzehen

2,5-cm-Stück frischer Ingwer, gehackt

2 TL Sonnenblumenöl

4 EL Senf- oder Pflanzenöl

1 EL gemahlener Koriander

1 TL Senfsamen, zerstoßen

180 ml Kokosmilch aus der Dose

500 g rohe Riesengarnelen, ausgelöst und Darmfäden entfernt

Salz

120 g frisch gehackter Koriander, plus einige Blätter zum Garnieren

frisch gekochter Reis, zum Servieren

Zitronenspalten, zum Garnieren

1 Chillies, Frühlingszwiebeln, Knoblauch, Ingwer und Sonnenblumenöl in einer Küchenmaschine fein pürieren. Das Senföl in einer großen, schweren Pfanne erhitzen und die Gewürzpaste darin bei schwacher Hitze unter Rühren 2 Minuten anschwitzen.

2 Koriander, Senfsamen und Kokosmilch zugeben und die Mischung unter Rühren zum Kochen bringen. Die Hitze reduzieren und alles 5 Minuten köcheln lassen.

3 Die Garnelen dazugeben und 6–8 Minuten mitköcheln, bis sie sich rosa färben. Mit Salz abschmecken und den gehackten Koriander einrühren. Mit Zitronenspalten und Korianderblättern garnieren und sofort heiß mit gekochtem Reis servieren.

Pikante Garnelenspieße

FÜR 4 PERSONEN

2 frische rote Chillies, entkernt und gehackt

2 Knoblauchzehen, gehackt

½ Zwiebel, gehackt

2,5-cm-Stück frischer Ingwer, gehackt

1 TL gemahlene Kurkuma

1 TL gemahlener Kreuzkümmel

1 TL Garam masala

½ TL Zucker

½ TL Pfeffer

300 g Naturjoghurt

2 EL frisch gehackter Koriander

500 g rohe Riesengarnelen, ausgelöst und Darmfäden entfernt, aber mit Schwanzenden

Zum Servieren

Limettenspalten

Naan-Brot

1 Holzspieße vor der Verwendung 30 Minuten in kaltem Wasser einweichen, damit sie im Ofen nicht anbrennen.

2 Chillies, Knoblauch, Zwiebel, Ingwer, Kurkuma, Kreuzkümmel, Garam masala, Zucker, Pfeffer und Joghurt in einer Küchenmaschine zu einer feinen Paste pürieren. In eine große, flache Schüssel füllen. Den Koriander einrühren. Die Garnelen auf Metall- oder Holzspieße stecken. Jeweils an beiden Enden des Spießes etwas Platz lassen. Die Spieße in der Paste wenden, bis die Garnelen rundum gut bedeckt sind. In Frischhaltefolie einwickeln und 1–1½ Stunden im Kühlschrank marinieren.

3 Den Backofengrill vorheizen. Die Spieße aus dem Kühlschrank nehmen und auf einen Grillrost legen. Etwa 4 Minuten auf der mittleren Schiene grillen, bis die Garnelen gar sind, dabei mehrmals wenden und mit der Marinade bestreichen.

4 Auf Serviertellern anrichten und sofort heiß mit Limettenspalten und Naan-Brot servieren.

Garnelen-Ananas-Tikka

ERGIBT 4 SPIESSE

1 TL Kreuzkümmelsamen

1 TL Koriandersamen

½ TL Fenchelsamen

½ TL gelbe Senfsamen

¼ TL Bockshornkleesamen

¼ TL Schwarzkümmel-samen

1 Prise Chilipulver

Salz

2 EL Zitronen- oder Ananassaft

12 rohe Riesengarnelen, ausgelöst und Darm-fäden entfernt, aber mit Schwanzenden

12 mundgerechte Ananasstücke, frisch oder aus der Dose, gut abgetropft

frisch gehackter Koriander, zum Garnieren

1 Holzspieße vor der Verwendung 30 Minuten in kaltem Wasser einweichen, damit sie im Ofen nicht anbrennen.

2 Kreuzkümmel-, Koriander-, Fenchel-, Senf-, Bockshorn-klee- und Schwarzkümmelsamen in einer Pfanne ohne Fett bei starker Hitze unter ständigem Rühren anrösten, bis sie zu duften beginnen. Dann sofort aus der Pfanne nehmen, damit sie nicht anbrennen.

3 Die Gewürze mit Chilipulver und Salz in einer Gewürz-mühle oder im Mörser zu feinem Pulver zermahlen. In eine Schüssel geben und mit Zitronen- oder Ananassaft verrühren.

4 Die Garnelen zugeben und in der Gewürzmischung wenden, bis sie rundum gut bedeckt sind. 10 Minuten marinieren. Inzwischen den Backofengrill vorheizen.

5 Je 3 Garnelen und 3 Ananasstücke abwechselnd auf einen Spieß stecken. Die Spieße auf der obersten Schiene von jeder Seite 2 Minuten grillen, bis sich die Garnelen rosa färben, dabei mit der restlichen Marinade bestreichen.

6 Die Spieße auf einem Servierteller anrichten, großzügig mit Koriander garnieren und sofort servieren.

Tintenfisch-Garnelen-Laksa

FÜR 4 PERSONEN

250 g getrocknete Reisnudeln

750 ml Kokosmilch aus der Dose

2 Fischbrühwürfel

3 frische Kaffir-Limettenblätter

2 EL rote Currypaste

1 Bund Frühlingszwiebeln, grob gehackt

2 frische rote Chillies, entkernt und grob gehackt

250 g roher Tintenfisch, gesäubert, in dicken Ringen

250 g große, rohe Garnelen, ausgelöst und Darmfäden entfernt

1 Handvoll frisch gehackter Koriander, plus einige Blätter zum Garnieren

1 Die Nudeln in einen Topf mit kochend heißem Wasser geben und abgedeckt 4 Minuten bzw. gemäß Packungsanweisung einweichen. Abgießen, unter kaltem Wasser abspülen und beiseitestellen.

2 Kokosmilch, Brühwürfel, Limettenblätter, Currypaste, Frühlingszwiebeln und Chillies in einem großen Topf unter gelegentlichem Rühren langsam zum Kochen bringen. Die Hitze reduzieren und alles 2–3 Minuten köcheln lassen, bis sich Brühwürfel und Currypaste aufgelöst haben.

3 Tintenfisch und Garnelen zugeben und alles weitere 1–2 Minuten köcheln lassen, bis sich die Garnelen rosa färben. Eingeweichte Nudeln und gehackten Koriander untermischen. In Suppenschalen füllen und mit Korianderblättern garniert servieren.

Garnelen in Kokosmilch

FÜR 4 PERSONEN

4 Zwiebeln

4 EL Ghee oder Pflanzenöl

1 TL Garam masala

1 TL gemahlene Kurkuma

1 Zimtstange

2 Kardamomkapseln, leicht zerdrückt

½ TL Chilipulver

2 Gewürznelken

2 Lorbeerblätter

400 ml Kokosmilch aus der Dose

1 TL Zucker

Salz

500 g rohe Riesengarnelen, ausgelöst und Darm-fäden entfernt

Pilaw, zum Servieren

1 2 Zwiebeln fein hacken, die anderen beiden reiben. Das Ghee oder Öl in einer großen, schweren Pfanne erhitzen. Das Garam masala darin bei schwacher Hitze unter Rühren 1 Minute anschwitzen, bis sich das Aroma voll entfaltet hat. Die gehackten Zwiebeln zugeben und unter gelegentlichem Rühren 10 Minuten goldgelb braten.

2 Die geriebenen Zwiebeln, Kurkuma, Zimt, Kardamom, Chilipulver, Nelken und Lorbeerblätter dazugeben und alles unter Rühren 5 Minuten köcheln. Die Hälfte der Kokosmilch und den Zucker zufügen und die Mischung mit Salz abschmecken. Dann die Garnelen zugeben und unter häufigem Rühren 8 Minuten garen, bis sie sich rosa färben.

3 Die restliche Kokosmilch zugießen und zum Kochen bringen. Nochmals abschmecken. Sofort heiß mit frisch zubereitetem Pilaw servieren.

Currynudeln mit Garnelen

1 EL Pflanzen- oder Erdnussöl

3 Schalotten, gehackt

1 frische rote Chili, entkernt und gehackt

1 EL rote Thai-Currypaste

1 Stängel Zitronengras (nur der weiße Teil), fein gehackt

250 g gegarte Garnelen, ausgelöst

400 g Strohpilze aus der Dose, abgetropft

2 EL Fischsauce

2 EL Sojasauce

250 g frische Eiernudeln

frisch gehackter Koriander, zum Garnieren

1 Das Öl in einem Wok erhitzen. Schalotten und Chili darin 2–3 Minuten unter Rühren andünsten. Currypaste und Zitronengras zugeben und 2–3 Minuten mitbraten.

2 Garnelen, Pilze, Fisch- und Sojasauce zugeben und sorgfältig untermischen.

3 Inzwischen die Nudeln 3–4 Minuten in kochendem Wasser garen, abtropfen lassen und auf vorgewärmten Tellern anrichten.

4 Das Garnelen-Pilz-Curry auf die Nudeln verteilen, mit Koriander garnieren und sofort heiß servieren.

Garnelencurry aus Goa

4 EL Sonnenblumen- oder Olivenöl

1 große Zwiebel, fein gehackt

2 TL Ingwerpaste

2 TL Knoblauchpaste

2 TL gemahlene Koriander

½ TL gemahlene Fenchelsamen

½ TL gemahlene Kurkuma

½–1 TL Chilipulver

½ TL Pfeffer

2–3 EL Wasser

125 g gehackte Tomaten aus der Dose

200 ml Kokosmilch aus der Dose

1 TL Salz

4 hart gekochte Eier

700 g gekochte Riesengarnelen, ausgelöst

Saft von 1 Limette

2–3 EL frisch gehackter Koriander

frisch gekochter Basmatireis, zum Servieren

1 Das Öl in einem mittelgroßen Topf bei mittlerer bis starker Hitze erwärmen und die Zwiebel darin weich dünsten, aber nicht bräunen. Ingwer- und Knoblauchpaste zugeben und 2–3 Minuten mitdünsten.

2 Gemahlenen Koriander, Fenchel, Kurkuma, Chilipulver und Pfeffer in einer kleinen Schüssel mischen. Mit dem Wasser zu einer Paste verrühren. Die Paste zur Zwiebelmischung geben und alles bei mittlerer Hitze 1–2 Minuten köcheln. Die Hitze weiter reduzieren und die Mischung weitere 3–4 Minuten köcheln lassen.

3 Die Hälfte der Tomaten zugeben und 2–3 Minuten mitköcheln. Dann die restlichen Tomaten unterrühren und alles weitere 2–3 Minuten köcheln.

4 Kokosmilch und Salz zugeben. Die Mischung zum Kochen bringen und ohne Deckel 6–8 Minuten unter regelmäßigem Rühren eindicken.

5 Inzwischen die Eier schälen und jedes Ei mit einem scharfen Messer viermal der Länge nach einschneiden, ohne es ganz zu zerteilen. Eier und Garnelen in den Topf geben, die Hitze leicht erhöhen und alles 6–8 Minuten garen.

6 Den Limettensaft und die Hälfte des Korianders einrühren. Das Curry in eine angewärmte Servierschüssel füllen. Mit dem restlichen Koriander garnieren und sofort mit frisch gekochtem Basmatireis servieren.

Garnelen mit Frühlingszwiebeln & Strohpilzen

FÜR 4 PERSONEN

2 EL Pflanzen- oder Erdnussöl

1 Bund Frühlingszwiebeln, gehackt

2 Knoblauchzehen, fein gehackt

175 g Kokoscreme, in Würfeln

2 EL rote Thai-Currypaste

450 ml Fischfond

2 EL Fischsauce

2 EL Sojasauce

Blätter von 6 Stängeln Thai-Basilikum

400 g Strohpilze aus der Dose, abgetropft

350 g große gegarte Garnelen, ausgelöst

gekochter Jasminreis, zum Servieren

1 Das Öl in einem Wok erhitzen. Frühlingszwiebeln und Knoblauch darin unter ständigem Rühren 2–3 Minuten anbraten. Kokoscreme, Currypaste und Fond zugeben und alles unter Rühren erhitzen, bis sich die Kokoscreme vollständig aufgelöst hat.

2 Fisch- und Sojasauce unterrühren, dann Basilikum, Pilze und Garnelen zugeben. Alles unter Rühren aufkochen und sofort mit dem Jasminreis servieren.

VARIATION

Sie können die Strohpilze auch durch 300 g frische Shiitake-Pilze ersetzen. Diese werden dann zusammen mit den Frühlingszwiebeln in den Wok gegeben.

3

Gesundes Gemüse

Gemüsecurry mit Tofu & Spinat

FÜR 4 PERSONEN

Pflanzen- oder Erdnussöl, zum Frittieren

250 g schnittfester Tofu, abgetropft, in Würfeln

2 EL Pflanzen- oder Erdnussöl

2 Zwiebeln, gehackt

2 Knoblauchzehen, gehackt

1 frische rote Chili, entkernt und in Ringen

3 Selleriestangen, in schrägen Scheiben

250 g Champignons, in dicken Scheiben

120 g Baby-Maiskolben, halbiert

1 rote Paprika, in Streifen

3 EL rote Thai-Currypaste

400 ml Kokosmilch aus der Dose

1 TL Palmzucker oder brauner Zucker

2 EL Sojasauce

250 g junge Spinatblätter

1 Das Öl zum Frittieren in einer tiefen Pfanne stark erhitzen und die Tofuwürfel darin portionsweise je 4–5 Minuten knusprig braun frittieren. Mit dem Schaumlöffel herausnehmen und auf Küchenpapier abtropfen lassen.

2 Das Öl in einem Wok oder einer großen Pfanne erhitzen. Zwiebeln, Knoblauch und Chili darin unter Rühren 2 Minuten andünsten. Sellerie, Champignons, Mais und Paprika zugeben und unter Rühren 3–4 Minuten mitgaren, bis das Gemüse gerade weich ist.

3 Currypaste und Kokosmilch unterrühren und die Mischung vorsichtig aufkochen. Zucker, Sojasauce und zuletzt den Spinat zugeben. Unter ständigem Rühren köcheln, bis der Spinat zusammenfällt. Auf Servierteller verteilen, die Tofuwürfel darüberstreuen und sofort servieren.

Kichererbsen-curry

FÜR 4 PERSONEN

6 EL Pflanzenöl

2 Zwiebeln, in Ringen

**1 TL fein gehackter
frischer Ingwer**

**1 TL gemahlener
Kreuzkümmel**

1 TL gemahlener Koriander

**1 TL zerdrückter
frischer Knoblauch**

1 TL Chilipulver

**2 frische grüne Chillies,
fein gehackt**

**2–3 EL frische
Korianderblätter**

150 ml Wasser

1 große Kartoffel

**400 g Kichererbsen aus der
Dose, abgespült
und abgetropft**

1 EL Zitronensaft

1 Das Öl in einer großen, schweren Pfanne erhitzen und die Zwiebeln darin unter gelegentlichem Rühren goldgelb dünsten. Ingwer, Kreuzkümmel, Koriander, Knoblauch, Chilipulver, Chillies und Korianderblätter dazugeben, die Hitze reduzieren und alles 2 Minuten pfannenrühren. Dann das Wasser unterrühren.

2 Die Kartoffel mit einem scharfen Messer in Würfel schneiden und zusammen mit den Kichererbsen in die Pfanne geben. Abdecken und alles unter gelegentlichem Rühren 7–10 Minuten köcheln lassen.

3 Das Curry mit Zitronensaft beträufeln. Auf angewärmten Serviertellern anrichten und sofort heiß servieren.

Gemüse-Korma

FÜR 4 PERSONEN

4 EL Ghee oder Pflanzenöl

2 Zwiebeln, gehackt

2 Knoblauchzehen, gehackt

1 frische rote Chili, gehackt

1 EL frisch geriebener Ingwer

2 Tomaten, gehäutet und gehackt

1 orangefarbene Paprika, in kleinen Stücken

1 große Kartoffel, in Würfeln

200 g Blumenkohl, in Röschen

½ TL Salz

1 TL gemahlene Kurkuma

1 TL gemahlener Kreuzkümmel

1 TL gemahlener Koriander

1 TL Garam masala

200 ml Gemüsebrühe oder Wasser

150 g Naturjoghurt

150 g Sahne

25 g frisch gehackter Koriander

frisch gekochter Reis, zum Servieren

1 Das Ghee oder Öl in einer großen Pfanne bei mittlerer Hitze erwärmen. Zwiebeln und Knoblauch darin unter Rühren 3 Minuten andünsten. Chili und Ingwer zugeben und alles weitere 4 Minuten braten. Tomaten, Paprika, Kartoffel, Blumenkohl, Salz und Gewürze unterrühren und alles 3 Minuten unter Rühren köcheln lassen. Die Brühe zugießen und aufkochen. Die Hitze reduzieren und alles 25 Minuten köcheln lassen.

2 Joghurt und Sahne untermischen und alles unter Rühren weitere 5 Minuten köcheln. Den Koriander dazugeben und warm werden lassen.

3 Mit frisch gekochtem Reis auf Serviertellern anrichten und sofort heiß servieren.

Kaschmir-Gemüse

FÜR 4 PERSONEN

3 EL Ghee oder Pflanzenöl

2 EL Mandelblättchen, zum Garnieren

8 Kardamomsamen

8 schwarze Pfefferkörner

2 TL Kreuzkümmelsamen

1 Zimtstange

2 frische grüne Chillies, entkernt und gehackt

1 TL Ingwerpaste

1 TL Chilipulver

3 Kartoffeln, in Würfeln

Salz

250 g Okra, in Stücken von 2,5 cm Länge

½ Blumenkohl, in Röschen

150 g Naturjoghurt

150 ml Gemüsebrühe oder Wasser

frisch gekochter Reis, zum Servieren

1 In einem schweren Topf 1 Esslöffel Ghee oder Öl erwärmen und die Mandeln darin bei schwacher Hitze unter ständigem Rühren 2 Minuten goldgelb rösten. Mit einem Schaumlöffel aus dem Topf heben, auf Küchenpapier abtropfen lassen und beiseitestellen.

2 Kardamom, Pfefferkörner, Kreuzkümmelsamen und Zimt in einer Gewürzmühle oder einem Mörser fein zermahlen.

3 Das restliche Ghee oder Öl im Topf erhitzen. Die grünen Chillies darin unter häufigem Rühren 2 Minuten andünsten. Ingwerpaste, Chilipulver und gemahlene Gewürze zugeben und alles unter Rühren 2 Minuten anschwitzen.

4 Die Kartoffeln zugeben und alles mit Salz abschmecken. Abgedeckt 8 Minuten köcheln, dabei gelegentlich umrühren. Okra und Blumenkohl untermischen und alles weitere 5 Minuten köcheln.

5 Nach und nach Joghurt und Brühe einrühren. Kurz aufkochen, dann erneut abdecken und 10 Minuten köcheln, bis das Gemüse gar ist. Mit den Mandelblättchen garnieren und mit frisch gekochtem Reis servieren.

Blumenkohl-Süßkartoffel-Curry

4 EL Ghee oder Pflanzenöl

2 Zwiebeln, fein gehackt

**1 TL bengalisches
5-Gewürze-Pulver
(Panch Phoron)**

1 Blumenkohl, in Röschen

**350 g Süßkartoffeln,
in Würfeln**

**2 frische grüne Chillies,
entkernt und
fein gehackt**

1 TL Ingwerpaste

2 TL Paprikapulver

**1½ TL gemahlener
Kreuzkümmel**

1 TL gemahlene Kurkuma

½ TL Chilipulver

3 Tomaten, geviertelt

**250 g Erbsen, Tiefkühlware
aufgetaut**

3 EL Naturjoghurt

**250 ml Gemüsebrühe
oder Wasser**

Salz

1 TL Garam masala

**frische Korianderblätter,
zum Garnieren**

1 Das Ghee in einem großen, schweren Topf erhitzen. Zwiebeln und Gewürzmischung darin bei geringer Hitze unter häufigem Rühren 10 Minuten goldgelb dünsten. Blumenkohl, Süßkartoffeln und Chillies zugeben und unter häufigem Rühren 3 Minuten mitbraten.

2 Ingwerpaste, Paprikapulver, Kreuzkümmel, Kurkuma und Chilipulver zugeben und alles unter ständigem Rühren weitere 3 Minuten dünsten. Tomaten und Erbsen hinzufügen, dann Joghurt und Brühe zugießen. Das Curry mit Salz abschmecken, abdecken und 20 Minuten köcheln lassen, bis das Gemüse gar ist.

3 Das fertige Gericht mit Garam masala bestreuen, in eine vorgewärmte Servierschüssel füllen und sofort mit frischen Korianderblättern garniert servieren.

Pilze in Chili-Joghurt

FÜR 4–6 PERSONEN

4 EL Ghee oder Pflanzenöl

2 große Zwiebeln, fein gehackt

4 große Knoblauchzehen, zerdrückt

400 g gehackte Tomaten aus der Dose

1 TL gemahlene Kurkuma

1 TL Garam masala

½ TL Chilipulver

750 g braune Champignons, in dicken Scheiben

1 Prise Zucker

Salz

125 g Naturjoghurt

frisch gehackter Koriander, zum Garnieren

frisch gekochter Reis, zum Servieren

1 Das Ghee oder Öl in einem Kadhai, einem Wok oder einer großen Pfanne bei mittlerer Hitze erwärmen. Die Zwiebeln zugeben und unter Rühren 5–8 Minuten goldbraun dünsten. Den Knoblauch untermischen und 2 Minuten mitbraten.

2 Die Tomaten mit ihrem Saft untermengen. Kurkuma, Garam masala und Chilipulver unterrühren und alles weitere 3 Minuten köcheln.

3 Pilze, Zucker und nach Belieben Salz zugeben und alles 8 Minuten köcheln lassen, bis die Pilzflüssigkeit weitgehend eingekocht ist und die Pilze weich sind.

4 Vom Herd nehmen. Nach und nach den Joghurt untermengen, dabei immer kräftig rühren, damit er nicht gerinnt. Das Gericht nochmals abschmecken, mit Koriander garnieren und sofort mit Reis servieren.

Gemüsecurry

FÜR 4 PERSONEN

1 Aubergine

250 g weiße Rüben

400 g neue Kartoffeln

250 g Blumenkohl

250 g kleine Champignons

1 große Zwiebel

3 Karotten

6 EL Ghee

**2 Knoblauchzehen,
zerdrückt**

4 TL fein gehackter Ingwer

**1–2 frische grüne Chillies,
entkernt und gehackt**

1 EL Paprikapulver

2 TL gemahlener Koriander

**1 EL mildes oder
mittelscharfes Currypulver**

500 ml Gemüsebrühe

**400 g gehackte Tomaten
aus der Dose**

Salz

1 grüne Paprika, in Streifen

1 EL Speisestärke

**150 ml Kokosmilch
aus der Dose**

2–3 EL gemahlene Mandeln

**frische Korianderzweige,
zum Garnieren**

**frisch gekochter Reis,
zum Servieren**

1 Aubergine, Rüben und Kartoffeln in 1 cm große Würfel schneiden. Den Blumenkohl in Röschen teilen. Die Pilze ganz lassen oder in breite Scheiben schneiden. Die Zwiebel in Ringe, die Karotten in Scheiben schneiden.

2 Das Ghee in einem großem Topf erhitzen. Zwiebel, Rüben, Kartoffeln und Blumenkohl zugeben und unter ständigem Rühren 3 Minuten andünsten. Knoblauch, Ingwer, Chillies, Paprikapulver, Koriander und Currypulver einrühren und 1 Minute mitdünsten.

3 Brühe, Tomaten, Aubergine und Pilze untermischen. Mit Salz abschmecken, abdecken und alles etwa 15 Minuten köcheln lassen, bis das Gemüse gar ist, dabei gelegentlich umrühren. Paprika und Karotten zugeben. Den Topf wieder abdecken und alles weitere 5 Minuten köcheln.

4 Speisestärke und Kokosmilch zu einer glatten Paste verrühren und mit dem Gemüse vermengen. Die Mandeln zugeben und das Gericht 2 Minuten unter Rühren köcheln lassen. Das fertige Curry abschmecken, mit Korianderzweigen garnieren und heiß mit Reis servieren.

Rotes Curry
mit grünem Gemüse

FÜR 4 PERSONEN

**2 EL Erdnuss- oder
Pflanzenöl**

**2 Zwiebeln,
in dünnen Ringen**

**1 Bund grüner Spargel,
holzige Enden entfernt**

**400 ml Kokosmilch
aus der Dose**

2 EL rote Thai-Currypaste

**3 frische Kaffir-
Limettenblätter**

250 g kleine Spinatblätter

2 Pak Choi, gehackt

**1 kleiner Chinakohl,
in feinen Streifen**

**1 Handvoll frisch
gehackter Koriander**

**frisch gekochter Reis,
zum Servieren**

1 Einen Wok bei mittlerer bis starker Hitze vorheizen. Das Öl darin erhitzen. Zwiebeln und Spargel zugeben und 1–2 Minuten unter Rühren andünsten.

2 Kokosmilch, Currypaste und Limettenblätter zugeben und alles unter gelegentlichem Rühren zum Kochen bringen. Spinat, Pak Choi und Chinakohl unterheben und unter Rühren 2–3 Minuten garen, bis das Blattgemüse zusammenfällt. Den Koriander untermischen. Sofort mit frisch gekochtem Reis servieren.

Karotten-
Kürbis-Curry

150 ml Gemüsebrühe

2,5-cm-Stück frischer Galgant, in Scheiben

2 Knoblauchzehen, gehackt

1 Stängel Zitronengras (nur der weiße Teil), fein gehackt

2 frische rote Chillies, entkernt und gehackt

4 Karotten, geschält und in Stücken

250 g Kürbisfleisch, in Würfeln

2 EL Pflanzen- oder Erdnussöl

2 Schalotten, fein gehackt

3 EL gelbe Thai-Currypaste

400 ml Kokosmilch aus der Dose

4–6 frische Thai-Basilikumzweige

25 g geröstete Kürbiskerne, zum Garnieren

1 Die Brühe in einem großen Topf zum Kochen bringen. Galgant, die Hälfte des Knoblauchs, Zitronengras und Chillies zugeben und 5 Minuten in der Brühe köcheln lassen. Karotten und Kürbis zugeben und 5–6 Minuten garen, bis sie weich sind.

2 Inzwischen das Öl in einem Wok oder einer Pfanne erhitzen. Die Schalotten und den übrigen Knoblauch darin unter Rühren 2–3 Minuten andünsten. Die Currypaste zugeben und alles weitere 1–2 Minuten pfannenrühren.

3 Schalotten-Curry-Mischung, Kokosmilch und Basilikum in den Topf mit der Brühe geben, alles gut verrühren und 3 Minuten köcheln lassen. Das Curry mit den gerösteten Kürbiskernen bestreuen und heiß servieren.

Zucchini-Cashew-Curry

FÜR 4 PERSONEN

2 EL Pflanzen- oder Erdnussöl

6 Frühlingszwiebeln, gehackt

2 Knoblauchzehen, gehackt

2 frische grüne Chillies, entkernt und gehackt

450 g Zucchini, in dicken Scheiben

120 g Shiitake-Pilze, halbiert

50 g Bohnensprossen

80 g Cashewkerne, trocken angeröstet

einige Halme chinesischer Schnittlauch, gehackt

4 EL Sojasauce

1 TL Fischsauce

frisch gekochte Nudeln, zum Servieren

1 Das Öl in einem Wok oder einer großen Pfanne erhitzen. Frühlingszwiebeln, Knoblauch und Chillies zugeben und 1–2 Minuten weich dünsten, aber nicht bräunen.

2 Zucchini und Pilze zugeben und 2–3 Minuten mitgaren, bis sie weich sind.

3 Bohnensprossen, Cashewkerne, Schnittlauch, Soja- und Fischsauce untermengen und alles weitere 1–2 Minuten unter Rühren garen. Heiß mit Nudeln servieren.

Kartoffelcurry mit grünen Bohnen

FÜR 6 PERSONEN

300 ml Pflanzenöl

1 TL Kreuzkümmelsamen

1 TL gemischte Senf- und Zwiebelsamen

4 getrocknete rote Chillies

3 Tomaten, in Scheiben

1 TL Salz

1 TL fein gehackter frischer Ingwer

1 TL frisch zerdrückter Knoblauch

1 TL Chilipulver

200 g grüne Bohnen, in 2,5 cm langen Stücken

2 Kartoffeln, geschält und in Würfeln

300 ml Wasser

Zum Garnieren

frisch gehackter Koriander

frische grüne Chiliringe

1 Das Öl in einer großen, schweren Pfanne erhitzen. Kreuzkümmel-, Senf- und Zwiebelsamen sowie die roten Chillies darin unter Rühren anrösten.

2 Die Tomaten zugeben und 3–5 Minuten unter Rühren dünsten. Salz, Ingwer, Knoblauch und Chilipulver in einer kleinen Schüssel vermischen. Die Mischung in die Pfanne geben und alles gut vermengen.

3 Grüne Bohnen und Kartoffeln in die Pfanne geben und 5 Minuten unter Rühren braten.

4 Das Wasser zugießen, die Hitze reduzieren und alles unter gelegentlichem Rühren 10–15 Minuten köcheln lassen. Auf einem angewärmten Servierteller anrichten, mit gehacktem Koriander und Chiliringen garnieren und servieren.

Thai-Suppe mit Vermicelli

FÜR 4 PERSONEN

15 g getrocknete Shiitake-Pilze

1,2 l Gemüsebrühe

1 EL Erdnussöl

4 Frühlingszwiebeln, in Ringen

125 g Baby-Maiskolben, in Scheiben

2 Knoblauchzehen, zerdrückt

2 frische Kaffir-Limetten-blätter, gehackt

2 EL rote Currypaste

85 g Reis-Vermicelli

1 EL helle Sojasauce

2 EL frisch gehackter Koriander, zum Garnieren

1 Die Pilze in einer Schüssel mit Gemüsebrühe bedecken und 20 Minuten einweichen.

2 Das Erdnussöl in einem Topf bei mittlerer Hitze erwärmen. Frühlingszwiebeln, Mais, Knoblauch und Limettenblätter darin 3 Minuten weich dünsten.

3 Die rote Currypaste und die eingeweichten Pilze samt Brühe zugeben und alles zum Kochen bringen. Die Hitze reduzieren und alles 5 Minuten unter gelegentlichem Rühren köcheln lassen.

4 Vermicelli und Sojasauce unterrühren und alles erneut aufkochen. Die Hitze wieder reduzieren und die Suppe 4 Minuten köcheln, bis die Nudeln gar sind. Mit Koriander garnieren und sofort heiß servieren.

Kartoffelcurry mit grüner Paprika

FÜR 4 PERSONEN

3 EL Ghee oder Pflanzenöl

1 Zwiebel, gehackt

2 Kartoffeln, in großen Stücken

1 TL Chilipulver

1 TL gemahlener Koriander

¼ TL gemahlene Kurkuma

2 grüne Paprika, in Stücken

250 g dicke Bohnen

200 g geschälte Tomaten aus der Dose

2 frische grüne Chillies, grob gehackt

1 EL frisch gehackter Koriander

125 ml Gemüsebrühe oder Wasser

Salz

Naan-Brot, zum Servieren

1 Das Ghee oder Öl in einer großen, schweren Pfanne erhitzen und die Zwiebel darin bei schwacher Hitze unter gelegentlichem Rühren 5 Minuten glasig dünsten. Die Kartoffeln zugeben und unter gelegentlichem Rühren 5 Minuten braten.

2 Chilipulver, gemahlenen Koriander und Kurkuma zugeben und sorgfältig untermischen. Dann Paprika, dicke Bohnen und Tomaten mitsamt Saft hinzufügen. Die Tomaten mit einem Holzlöffel vorsichtig in Stücke teilen.

3 Chillies und gehackten Koriander einrühren. Brühe oder Wasser zugießen und alles mit Salz abschmecken. Abgedeckt 8–10 Minuten köcheln lassen, bis die Kartoffeln gar sind. Sofort mit Naan-Brot servieren.

Linsencurry mit Ei

3 EL Ghee oder Pflanzenöl

1 große Zwiebel, gehackt

2 Knoblauchzehen, gehackt

2,5-cm-Stück frischer Ingwer, gehackt

½ TL gehackte Chili oder Chilipulver

1 TL gemahlener Koriander

1 TL gemahlener Kreuzkümmel

1 TL Paprikapulver

80 g rote Spaltlinsen

450 ml Gemüsebrühe

250 g gehackte Tomaten aus der Dose

6 Eier

60 ml Kokosmilch aus der Dose

Salz

Chapatis oder Naan-Brot, zum Servieren

Zum Garnieren

2 Tomaten, in Spalten

frische Korianderblätter

1 Das Ghee oder Öl in einem Topf erhitzen und die Zwiebel darin bei mittlerer Hitze 3 Minuten glasig dünsten. Knoblauch, Ingwer, Chili und Gewürze zugeben und unter Rühren 1 Minute mitbraten. Linsen, Brühe und Tomaten dazugeben und alles aufkochen. Die Hitze reduzieren und alles abgedeckt unter gelegentlichem Rühren 30 Minuten köcheln lassen, bis die Linsen gar sind.

2 Inzwischen die Eier in einen Topf mit kaltem Wasser legen. Das Wasser zum Kochen bringen, dann die Hitze reduzieren und die Eier 10 Minuten köcheln lassen. Abgießen und mit kaltem Wasser abschrecken.

3 Die Kokosmilch in die Linsenmischung einrühren und alles mit Salz abschmecken. Die Mischung abkühlen lassen und in einer Küchenmaschine fein pürieren. Wieder in den Topf geben und erwärmen.

4 Die hart gekochten Eier schälen und der Länge nach vierteln. Je 6 Viertel auf Serviertellern anrichten und die heiße Linsensauce großzügig über den Eiern verteilen. Mit Tomatenspalten und Korianderblättern garnieren. Heiß mit Chapatis oder Naan-Brot servieren.

Auberginen-Bohnen-Curry

FÜR 4 PERSONEN

**2 EL Pflanzen- oder
Erdnussöl**

1 Zwiebel, gehackt

**2 Knoblauchzehen,
zerdrückt**

**2 frische rote Chillies,
entkernt und gehackt**

1 EL rote Thai-Currypaste

**1 große Aubergine,
in großen Würfeln**

**125 g runde grüne
Thai-Auberginen**

125 g dicke Bohnen

125 g Fadenbohnen

300 ml Gemüsebrühe

**60 g Kokoscreme,
in kleinen Würfeln**

3 EL Sojasauce

**1 TL Palmzucker oder
brauner Zucker**

**3 Kaffir-Limettenblätter,
grob gezupft**

**4 EL frisch gehackter
Koriander**

1 Das Öl in einem Wok oder einer großen Pfanne erhitzen. Zwiebel, Knoblauch und Chillies darin 1–2 Minuten unter Rühren andünsten. Die Currypaste zugeben und 1–2 Minuten mitbraten.

2 Die Auberginen zugeben und 3–4 Minuten garen, bis sie gerade weich sind. Eventuell noch etwas Öl zugeben, da Auberginen recht viel davon aufsaugen. Beide Sorten Bohnen dazugeben und alles unter Rühren weitere 2 Minuten garen.

3 Brühe, Kokoscreme, Sojasauce, Zucker und Limettenblätter unterheben. Alles unter Rühren aufkochen und köcheln lassen, bis sich die Kokoscreme aufgelöst hat. Den Koriander unterrühren und servieren.

Pikante Kichererbsen

400 g Kichererbsen aus der Dose, abgetropft

2 Kartoffeln, in Würfeln

2 EL Tamarindenpaste

6 EL Wasser

1 TL Chilipulver

2 TL Zucker

Salz

1 Zwiebel, gehackt

Zum Garnieren

1 Tomate, in Scheiben

2 frische grüne Chillies, gehackt

2–3 EL frisch gehackter Koriander

1 Die Kichererbsen in eine große Schüssel geben. Die Kartoffeln in einem Topf mit Wasser gar kochen. Dann abgießen und beiseitestellen.

2 Tamarindenpaste und Wasser in einer kleinen Schüssel verquirlen. Chilipulver, Zucker und 1 Teelöffel Salz mit der Tamarindenmischung verrühren. Die Mischung über die Kichererbsen gießen.

3 Zwiebel und Kartoffelwürfel unter die Kichererbsen mischen und alles mit Salz abschmecken.

4 Alles in eine Servierschüssel füllen und mit Tomatenscheiben, Chillies und Koriander garnieren.

Kürbiscurry

FÜR 4 PERSONEN

150 ml Pflanzenöl

2 Zwiebeln, in Ringen

½ TL Kreuzkümmelsamen

**500 g Kürbisfleisch,
in Würfeln**

**1 TL Amchoor
(Mangopulver)**

**1 TL frisch
gehackter Ingwer**

**1 TL frisch zerdrückter
Knoblauch**

**1 TL fein gehackte
rote Chili**

½ TL Salz

300 ml Wasser

Chapatis, zum Servieren

1 Das Öl in einer großen, schweren Pfanne erhitzen. Zwiebeln und Kreuzkümmelsamen darin unter gelegentlichem Rühren 5–6 Minuten goldbraun dünsten.

2 Die Kürbiswürfel in die Pfanne geben und 3–5 Minuten bei schwacher Hitze unter Rühren anbraten.

3 Aamchoor, Ingwer, Knoblauch, Chili und Salz in einer kleinen Schüssel vermischen. Zu der Kürbismischung geben und alles gut vermengen.

4 Das Wasser zugießen und alles bei schwacher Hitze abgedeckt unter gelegentlichem Rühren 10–15 Minuten köcheln. Das Curry auf vorgewärmte Servierteller verteilen und heiß mit Chapatis servieren.

Auberginencurry

**Erdnuss- oder Pflanzenöl,
zum Frittieren**

**2 Auberginen, in 2 cm
großen Würfeln**

2 EL Pflanzenöl

**1 Bund Frühlingszwiebeln,
grob gehackt**

2 Knoblauchzehen, gehackt

**2 rote Paprika, in 2 cm
großen Würfeln**

**3 Zucchini, in dicken
Scheiben**

**400 ml Kokosmilch
aus der Dose**

2 EL rote Thai-Currypaste

**1 Handvoll frisch gehackter
Koriander, plus einige
Blätter zum Garnieren**

1 Das Öl zum Frittieren in einem vorgewärmten Wok oder einer tiefen Pfanne so stark erhitzen, dass ein Brotwürfel darin innerhalb von 30 Sekunden bräunt. Die Auberginenwürfel darin portionsweise 45 Sekunden bis 1 Minute knusprig braun frittieren. Mit einem Schaumlöffel herausnehmen und auf Küchenpapier abtropfen lassen.

2 Das Pflanzenöl in einem zweiten vorgewärmten Wok oder einer großen Pfanne erhitzen. Frühlingszwiebeln und Knoblauch darin bei mittlerer Hitze 1 Minute unter Rühren andünsten. Paprika und Zucchini dazugeben und 2–3 Minuten pfannenrühren. Kokosmilch und Currypaste zugeben und alles sanft unter gelegentlichem Rühren zum Kochen bringen.

3 Frittierte Aubergine und gehackten Koriander zufügen, die Hitze reduzieren und alles weitere 2–3 Minuten köcheln. In eine Servierschüssel füllen, mit Korianderblättern garnieren und sofort servieren.

Okracurry

FÜR 4 PERSONEN

500 g Okras

150 ml Pflanzenöl

2 Zwiebeln, in Ringen

**3 frische grüne Chillies,
entkernt und
fein gehackt**

2 Curryblätter

1 TL Salz

1 Tomate, in Scheiben

2 EL Zitronensaft

**2 EL frisch gehackter
Koriander**

Chapatis, zum Servieren

1 Die Okras waschen und abtropfen lassen. Mit einem scharfen Messer den Stiel entfernen und die Okras in 2,5 cm große Stücke schneiden.

2 Das Öl in einer großen Pfanne erhitzen. Zwiebeln, Chillies, Curryblätter und Salz darin 5 Minuten unter Rühren dünsten.

3 Nach und nach die Okras zugeben und vorsichtig unterheben, dann alles bei mittlerer Hitze unter gelegentlichem Rühren 12–15 Minuten garen.

4 Die Tomatenscheiben dazugeben und alles mit etwas Zitronensaft beträufeln. Mit dem gehackten Koriander bestreuen und abgedeckt 3–5 Minuten köcheln lassen. Auf vorgewärmte Servierteller verteilen und heiß mit Chapatis servieren.

Grünes Gemüsecurry

FÜR 4 PERSONEN

2 EL Pflanzen- oder Erdnussöl

1 frische grüne Chili, entkernt und gehackt

6 Frühlingszwiebeln, in Ringen

3 EL grüne Thai-Currypaste

125 g Pak Choi, grob zerpflückt

125 g Chinakohl, grob zerpflückt

125 g junger Blattspinat

125 g grüner Spargel, holzige Enden entfernt

3 Selleriestangen, in Scheiben

3 EL thailändische Sojasauce

1 TL Palmzucker oder brauner Zucker

Saft von 1 Limette

gekochter Jasminreis, zum Servieren

1 Das Öl in einem Wok oder einer großen Pfanne erhitzen. Chili und Frühlingszwiebeln darin 2 Minuten unter Rühren andünsten. Die Currypaste zugeben und unter Rühren etwa 2–3 Minuten mitbraten.

2 Pak Choi, Chinakohl, Spinat, Spargel und Sellerie zugeben und unter Rühren 3–4 Minuten mitbraten, bis das Gemüse gerade weich ist.

3 Sojasauce, Zucker und Limettensaft zugeben und 30 Sekunden heiß werden lassen. Sofort heiß mit Jasminreis servieren.

Zucchinicurry

FÜR 4 PERSONEN

6 EL Pflanzenöl

1 Zwiebel, fein gehackt

**3 frische grüne Chillies,
fein gehackt**

**1 TL fein gehackter
frischer Ingwer**

**1 TL frisch zerdrückter
Knoblauch**

1 TL Chilipulver

**500 g Zucchini,
in dünnen Scheiben**

2 Tomaten, in Scheiben

2 TL Bockshornkleesamen

Chapatis, zum Servieren

1 Das Öl in einer großen, schweren Pfanne erhitzen. Zwiebel, Chillies, Ingwer, Knoblauch und Chilipulver darin unter Rühren andünsten.

2 Zucchini und Tomaten dazugeben und bei mittlerer Hitze unter Rühren 5 Minuten braten.

3 Die Bockshornkleesamen zufügen und alles bei mittlerer Hitze weitere 5 Minuten braten, bis die Zucchini gar sind.

4 Vom Herd nehmen und auf vorgewärmte Servierteller verteilen. Heiß mit Chapatis servieren.

Butternusskürbis-Curry

FÜR 4 PERSONEN

2 EL Erdnuss- oder Pflanzenöl

1 TL Kreuzkümmelsamen

2 rote Zwiebeln, in Spalten

2 Selleriestangen, in Scheiben

1 großer Butternusskürbis, geschält, entkernt und in Würfeln

2 EL grüne Currypaste

300 ml Gemüsebrühe

2 frische Kaffir-Limettenblätter

30 g frische Bohnensprossen

1 Handvoll frisch gehackter Koriander, zum Garnieren

gekochter Reis, zum Servieren

1 Das Öl im Wok erhitzen. Die Kreuzkümmelsamen darin auf mittlerer Stufe unter Rühren 2–3 Minuten anrösten, bis sie aufzuplatzen beginnen. Zwiebeln und Sellerie zufügen und unter Rühren 2–3 Minuten andünsten.

2 Die Kürbiswürfel zugeben und alles unter Rühren weitere 3–4 Minuten garen. Currypaste, Brühe und Limettenblätter zufügen und alles unter gelegentlichem Rühren zum Kochen bringen.

3 Die Hitze reduzieren und alles 3–4 Minuten köcheln lassen, bis der Kürbis weich ist. Die Bohnensprossen zugeben und 1–2 Minuten mitköcheln, bis sie heiß, aber noch knackig sind. Das Curry in eine Servierschale füllen, mit Koriander bestreuen und sofort mit Reis servieren.

Gemüse-Sambar

FÜR 6 PERSONEN

**800 g geschälte Tomaten
aus der Dose**

2 EL Kokosraspel

2 EL Zitronensaft

1 EL gelbe Senfkörner

40 g brauner Zucker

2 EL Ghee oder Pflanzenöl

2 Zwiebeln, in Ringen

**4 Kardamomkapseln,
leicht zerdrückt**

**6 Curryblätter, plus einige
mehr zum Garnieren**

2 TL gemahlener Koriander

**2 TL gemahlener
Kreuzkümmel**

1 TL gemahlene Kurkuma

1 TL Ingwerpaste

200 g gelbe Linsen

**400 g Süßkartoffeln,
in Würfeln**

**1 kg Kartoffeln,
in Würfeln**

2 Karotten, in Scheiben

2 Zucchini, in Stücken

1 Aubergine, in Stücken

Salz

1 Tomaten samt Saft, Kokosraspel, 1 Esslöffel Zitronensaft, Senfkörner und Zucker in der Küchenmaschine oder mit dem Stabmixer glatt pürieren.

2 Das Ghee oder Öl in einem großen Topf erwärmen. Die Zwiebeln darin bei schwacher Hitze unter gelegentlichem Rühren 10 Minuten goldgelb dünsten. Kardamom, Curryblätter, Koriander, Kreuzkümmel, Kurkuma und Ingwerpaste zugeben und unter ständigem Rühren 1–2 Minuten mitbraten, bis die Gewürze zu duften beginnen.

3 Tomatenpüree und Linsen zugeben und die Mischung zum Kochen bringen. Die Hitze reduzieren und alles abgedeckt 10 Minuten köcheln lassen.

4 Süßkartoffeln, Kartoffeln und Karotten dazugeben und alles abgedeckt weitere 15 Minuten garen. Zucchini, Aubergine und restlichen Zitronensaft zufügen. Alles mit Salz abschmecken und abgedeckt 10–15 Minuten köcheln lassen, bis das Gemüse gar ist. Mit Curryblättern garniert servieren.

Kartoffelcurry mit Spinat

FÜR 4 PERSONEN

4 Tomaten

2 EL Erdnuss- oder Pflanzenöl

2 Zwiebeln, in dicken Spalten

2,5-cm-Stück frischer Ingwer, gehackt

1 Knoblauchzehe, gehackt

2 EL gemahlener Koriander

500 g Kartoffeln, in Stücken

650 ml Gemüsebrühe

1 EL rote Thai-Currypaste

250 g frischer Blattspinat, harte Stiele entfernt

1 Die Tomaten in eine hitzebeständige Schüssel legen und mit kochendem Wasser übergießen. 2–3 Minuten ziehen lassen, dann mit kaltem Wasser abschrecken. Die Haut lässt sich jetzt problemlos abziehen. Die Tomaten vierteln, entkernen und den Strunk entfernen. Beiseitestellen.

2 Das Öl in einem vorgewärmten Wok erhitzen. Zwiebeln, Ingwer und Knoblauch darin bei mittlerer Hitze unter Rühren 2–3 Minuten glasig dünsten. Koriander und Kartoffeln dazugeben und unter Rühren 2–3 Minuten mitbraten. Brühe und Currypaste unterrühren und alles unter gelegentlichem Rühren aufkochen. Die Hitze reduzieren und die Mischung 10–15 Minuten köcheln lassen, bis die Kartoffeln gar sind.

3 Spinat und Tomaten zugeben und unter Rühren 1 Minute mitköcheln, bis der Spinat zusammengefallen ist. Sofort heiß servieren.

VARIATION
Sie können die Kartoffeln auch durch Süßkartoffeln ersetzen.

4

Besondere Begleiter

Kokosreis

FÜR 4–6 PERSONEN

250 g Basmatireis

450 ml Wasser

60 g Kokoscreme

2 EL Senföl

1½ TL Salz

**geröstete Kokosraspel,
zum Garnieren**

1 Den Basmatireis unter kaltem Wasser waschen, bis das ablaufende Wasser klar bleibt. Mit Wasser bedecken und 30 Minuten einweichen. Abgießen und beiseitestellen.

2 Das Wasser in einem kleinen Topf zum Kochen bringen, die Kokoscreme zugeben und so lange rühren, bis sie sich vollständig aufgelöst hat. Beiseitestellen.

3 Das Senföl in einem großen Topf mit Deckel stark erhitzen. Den Topf vom Herd nehmen und das Senföl vollständig abkühlen lassen.

4 Das Senföl bei mittlerer Hitze erneut erwärmen. Den Reis zugeben und rühren, bis alle Reiskörner mit Öl überzogen sind. Das Kokoswasser zugießen und zum Kochen bringen.

5 Die Hitze reduzieren, das Salz einrühren und den Topfdeckel auflegen. Den Reis bei geschlossenem Deckel etwa 8–10 Minuten garen, bis er die gesamte Flüssigkeit aufgesogen hat.

6 Den Topf vom Herd nehmen. Den Reis mit 2 Gabeln auflockern und bei Bedarf nochmals abschmecken. Den Deckel wieder auflegen und den Reis 5 Minuten ziehen lassen. Mit gerösteten Kokosraspeln servieren.

Pilaw

FÜR 2–4 PERSONEN

200 g Basmatireis

2 EL Ghee

3 grüne Kardamomkapseln

2 Gewürznelken

3 schwarze Pfefferkörner

½ TL Salz

½ TL Safranfäden

400 ml Wasser

1 Den Basmatireis unter kaltem Wasser waschen, bis das ablaufende Wasser klar bleibt. Mit Wasser bedecken und 30 Minuten einweichen. Abgießen und gut abtropfen lassen.

2 Das Ghee in einem großen, schweren Topf bei mittlerer Hitze zerlassen. Kardamom, Nelken und Pfefferkörner darin unter Rühren 30 Sekunden anbraten. Den Reis zugeben und 2 Minuten unter Rühren glasig dünsten.

3 Salz und Safran zugeben. Mit dem Wasser ablöschen und alles zum Kochen bringen. Die Hitze reduzieren und den Topfdeckel auflegen. Den Reis bei geschlossenem Deckel 10–15 Minuten gar ziehen lassen, bis er die gesamte Flüssigkeit aufgesogen hat.

4 Den Reis auf einer vorgewärmten Servierplatte anrichten und sofort servieren.

Zitronenreis

FÜR 4–6 PERSONEN

220 g Basmatireis

2 EL Ghee oder Pflanzenöl

**1 TL Schwarzkümmel-
samen (Nigella)**

450 ml Wasser

**fein abgeriebene Schale
und Saft von 1 großen
Zitrone**

1½ TL Salz

¼ TL gemahlene Kurkuma

1 Den Basmatireis unter kaltem Wasser waschen, bis das ablaufende Wasser klar bleibt. Mit Wasser bedecken und 30 Minuten einweichen. Abgießen und beiseitestellen.

2 Ghee oder Öl in einem großen Topf mit dicht schließendem Deckel bei mittlerer Hitze erwärmen. Reis und Schwarzkümmelsamen zugeben und kurz rühren, bis die Reiskörner mit Ghee oder Öl überzogen sind. Das Wasser zugießen und zum Kochen bringen.

3 Die Hitze reduzieren. Die Hälfte des Zitronensafts, Salz und Kurkuma unterrühren und den Topfdeckel auflegen. Den Reis 8–10 Minuten bei geschlossenem Deckel köcheln, bis er gar ist und die gesamte Flüssigkeit aufgesogen hat.

4 Den Topf vom Herd nehmen. Zitronenschale und restlichen Zitronensaft mit 2 Gabeln unter den Reis mischen. Alles nochmals abschmecken. Den Deckel auflegen und den Reis 5 Minuten ziehen lassen.

Gemüse-Pakoras

FÜR 4 PERSONEN

6 EL Kichererbsenmehl

½ TL Salz

1 TL Chilipulver

1 TL Backpulver

1½ TL Kreuzkümmelsamen

1 TL Granatapfelkerne

300 ml Wasser

¼ Bund frischer Koriander, fein gehackt, plus ein paar Blätter mehr zum Garnieren

Gemüse nach Geschmack, z. B. Blumenkohlröschen, Zwiebelringe, Kartoffelscheiben, Auberginenscheiben oder frische Spinatblätter

Pflanzenöl, zum Frittieren

1 Das Kichererbsenmehl in eine große Schüssel sieben und mit Salz, Chilipulver, Backpulver, Kreuzkümmelsamen und Granatapfelkernen gründlich vermengen. Das Wasser zugießen und alles zu einem glatten Teig verarbeiten. Den gehackten Koriander zugeben und gut untermischen, dann den Teig beiseitestellen.

2 Das vorbereitete Gemüse einzeln in den Backteig tauchen und überschüssigen Teig abschütteln.

3 Genügend Öl zum Frittieren in einem Wok, einem schweren Topf oder einer Fritteuse auf 180 °C erhitzen, bis ein Brotwürfel darin innerhalb von 30 Sekunden bräunt. Das Gemüse portionsweise mit einer Zange ins heiße Öl geben und frittieren. Dabei jeweils einmal wenden.

4 Die fertigen Pakoras auf Küchenpapier gut abtropfen lassen. Mit Korianderblättern garnieren und servieren.

Gemüse-Samosas

ERGIBT 8 STÜCK

1 Karotte, in Würfeln

200 g Süßkartoffeln,
in Würfeln

80 g Erbsen, Tiefkühlware
aufgetaut

2 EL Ghee oder Pflanzenöl

1 Zwiebel, gehackt

1 Knoblauchzehe,
zerdrückt

2,5-cm-Stück frischer
Ingwer, gerieben

1 TL gemahlene Kurkuma

1 TL gemahlener
Kreuzkümmel

½ TL Chilipulver

½ TL Garam masala

1 TL Limettensaft

Salz und Pfeffer

Pflanzenöl, zum Frittieren

Limettenspalten,
zum Servieren

Teig

150 g Mehl, plus etwas
mehr zum Bestäuben

3 EL Butter

4 EL warme Milch

1 Für die Füllung in einem Topf Wasser zum Kochen bringen und die Karotte 4 Minuten darin garen. Die Süßkartoffeln zugeben und 4 Minuten mitkochen, dann die Erbsen zufügen und alles weitere 3 Minuten kochen. Abgießen.

2 Das Ghee oder Öl in einer großen Pfanne bei mittlerer Hitze erwärmen. Zwiebel, Knoblauch, Ingwer, Gewürze und Limettensaft darin unter Rühren 3 Minuten dünsten. Das Gemüse zugeben, alles mit Salz und Pfeffer abschmecken und weitere 2 Minuten dünsten. Vom Herd nehmen und 15 Minuten abkühlen lassen.

3 Inzwischen für den Teig das Mehl in eine Schüssel sieben und die Butter mit den Fingerspitzen einarbeiten. Die Milch zugießen und alles zu einem glatten Teig verarbeiten. Gut durchkneten und in 4 gleich große Portionen aufteilen. Auf eine leicht bemehlte Arbeitsfläche legen, zu Kugeln formen und diese zu runden Fladen von 17 cm Ø ausrollen. Jeden Fladen halbieren und die Füllung gleichmäßig darauf verteilen. Die Ränder mit Wasser einpinseln, den Teig zu Dreiecken auffalten und die Ränder verschließen.

4 Genügend Öl zum Frittieren in einem Wok, einem schweren Topf oder einer Fritteuse auf 180 °C erhitzen, bis ein Brotwürfel darin innerhalb von 30 Sekunden bräunt. Die Samosas darin portionsweise 3–4 Minuten goldbraun frittieren. Auf Küchenpapier gut abtropfen lassen und heiß mit Limettenspalten servieren.

Zwiebel-Bhaji

ERGIBT 12 STÜCK

150 g Kichererbsenmehl

1 TL Salz

1 TL gemahlener Kreuzkümmel

1 TL gemahlene Kurkuma

1 TL Natron

½ TL Chilipulver

2 TL Zitronensaft

2 EL Pflanzen- oder Erdnussöl, plus etwas mehr zum Ausbacken

2–8 EL Wasser

2 Zwiebeln, in feinen Ringen

2 TL Koriandersamen, grob zerstoßen

1 Kichererbsenmehl, Salz, Kreuzkümmel, Kurkuma, Natron und Chilipulver in eine große Schüssel sieben. Zitronensaft und Öl zugeben, dann nach und nach gerade so viel Wasser einrühren, dass ein dünnflüssiger Teig entsteht. Zwiebelringe und Koriandersamen unterziehen.

2 Das Öl zum Ausbacken in einem Kadhai, einem Wok, einer Fritteuse oder einem schweren Topf auf 180 °C erhitzen, bis ein Brotwürfel darin innerhalb von 30 Sekunden bräunt. Die Zwiebelmischung löffelweise ins Öl geben und 2 Minuten frittieren, dann mit einer Küchenzange wenden und von der anderen Seite weitere 2 Minuten goldbraun frittieren.

3 Die Bhaji aus dem Öl nehmen und auf Küchenpapier gut abtropfen lassen. Fertige Bhaji warm stellen, bis die gesamte Teigmischung frittiert ist. Heiß servieren.

Bananenchips

4 reife Kochbananen

**1 TL Currypulver
(Schärfe nach Belieben)**

**Pflanzen- oder Erdnussöl,
zum Frittieren**

**Mango-Chutney,
zum Servieren**

1 Die Kochbananen schälen und schräg in 3 mm dicke Scheiben schneiden. Die Scheiben in eine Schüssel geben, mit dem Currypulver bestreuen und von Hand darin wenden.

2 Genügend Öl zum Frittieren in einem Wok, einem schweren Topf oder einer Fritteuse auf 180°C erhitzen, bis ein Brotwürfel darin innerhalb von 30 Sekunden bräunt. Die Bananenscheiben portionsweise ins heiße Öl geben und jeweils 2 Minuten goldbraun frittieren.

3 Die Bananenchips mit einem Schaumlöffel aus dem Öl nehmen und auf Küchenpapier gut abtropfen lassen. Sofort mit Mango-Chutney servieren.

Tamarinden-Chutney

ERGIBT CA. 250 G

450 ml Wasser

100 g gepresste Tamarinde, gehackt

½ frische Vogelaugen-Chili, entkernt und gehackt

60 g brauner Zucker, nach Geschmack

½ TL Salz

1 Das Wasser in einen Topf füllen und die Tamarinde hinein-geben. Das Wasser zum Kochen bringen, dann die Hitze reduzieren und die Tamarinde unter gelegentlichem Rühren 25 Minuten gut weich köcheln.

2 Die Tamarindenmischung in ein Sieb geben und mit einem Löffel durch das Sieb in den ausgespülten Topf streichen.

3 Chili, Zucker und Salz unterrühren und alles weitere 10 Minuten köcheln, bis die gewünschte Konsistenz erreicht ist. Etwas abkühlen lassen und dann mit Zucker bzw. Salz abschmecken.

4 Das Chutney vollständig abkühlen lassen. In einem dicht schließenden Gefäß kann man es bis zu 3 Tage im Kühlschrank aufbewahren oder einfrieren.

Mango-Chutney

ERGIBT CA. 250 G

**1 Mango (etwa 400 g),
geschält, entsteint
und fein gehackt**

2 EL Limettensaft

**1 EL Pflanzen- oder
Erdnussöl**

2 Schalotten, fein gehackt

**1 Knoblauchzehe,
fein gehackt**

**2 frische grüne Chillies,
entkernt und
in feinen Ringen**

1 TL schwarze Senfsamen

1 TL Koriandersamen

**5 EL Palmzucker oder
brauner Zucker**

5 EL Weißweinessig

1 TL Salz

1 Prise gemahlener Ingwer

1 Die Mango in einer Schüssel mit dem Limettensaft mischen und beiseitestellen.

2 Das Öl in einer großen Pfanne bei mittlerer Hitze erwärmen. Die Schalotten darin 3 Minuten andünsten. Knoblauch und Chillies zugeben und 2 Minuten mitbraten, bis die Schalotten glasig, aber nicht gebräunt sind. Senf- und Koriandersamen zugeben und mitbraten.

3 Mangostücke, Zucker, Essig, Salz und Ingwer zugeben und gut unterrühren. Die Hitze reduzieren und alles 10 Minuten köcheln, bis die Flüssigkeit eindickt und die Mango klebrig und weich wird.

4 Vom Herd nehmen und gut abkühlen lassen. Vor der Verwendung 3 Tage in einem luftdicht verschlossenen Behälter kalt stellen. Danach hält sich das Chutney im Kühlschrank noch 1 Woche.

Pikant eingelegte Limetten

ERGIBT CA. 225 G

**12 Limetten, halbiert und
entkernt**

100 g Salz

70 g Chilipulver

25 g Senfpulver

**25 g gemahlene Bockshorn-
kleesamen**

1 EL gemahlene Kurkuma

300 ml Senföl

**15 g gelbe Senfsamen,
zerstoßen**

½ TL Asant

1 Jede Limettenhälfte in vier Teile schneiden. Die Stücke in ein großes, sterilisiertes Einmachglas füllen, dabei immer wieder mit dem Salz bestreuen. Das Glas abdecken und die Limetten 10–14 Tage an einem warmen Ort stehen lassen, bis sie weich und braun geworden sind.

2 Chilipulver, Senfpulver, Bockhornkleesamen und Kurkuma in einer kleinen Schale vermischen. Die Mischung unter die Limetten rühren, das Glas wieder abdecken und alles weitere 2 Tage ziehen lassen.

3 Die Limettenmischung in eine hitzebeständige Schüssel geben. Das Senföl in einer schweren Pfanne stark erhitzen und Senfsamen und Asant darin unter Rühren anrösten.

4 Das heiße Gewürzöl über die Limetten gießen und alles gut verrühren. Abdecken und abkühlen lassen. Die abgekühlten Limetten in ein sterilisiertes Gefäß mit Deckel füllen. Das Gefäß fest verschließen und die Limetten vor dem Servieren 1 Woche an einem hellen Ort stehen lassen.

Chili-Zwiebel-Chutney

ERGIBT CA. 225 G

1–2 frische grüne Chillies (nach Belieben entkernt), fein gehackt

1 kleine, frische Vogelaugen-Chili (nach Belieben entkernt), fein gehackt

1 EL Weißwein- oder Apfelessig

2 Zwiebeln, fein gehackt

2 EL frisch gepresster Zitronensaft

1 EL Zucker

3 EL frisch gehackte Koriander-, Minze- oder Petersilienblätter bzw. gemischte Kräuter

Salz

1 rote Chili, von der Spitze zum Ansatz mehrfach aufgeschnitten und aufgefächert, zum Garnieren

1 Die Chillies in einer kleinen Schüssel mit dem Essig vermischen, dann durch ein Sieb abgießen. Die Chillies zurück in die Schüssel geben. Zwiebeln, Zitronensaft, Zucker und Kräuter unterrühren und die Mischung mit Salz abschmecken.

2 Das Chutney 15 Minuten bei Zimmertemperatur durchziehen lassen oder abdecken und kalt stellen. Vor dem Servieren mit der Chiliblüte garnieren.

Mung Dal

FÜR 4 PERSONEN

**225 g Mungbohnen oder
grüne Linsen**

3 EL Pflanzenöl

1 große Zwiebel, gehackt

**2 Knoblauchzehen,
zerdrückt**

**2,5-cm-Stück frische
Ingwerwurzel, gerieben**

1 TL gemahlene Kurkuma

**2 kleine, frische rote
Chillies, entkernt und
fein gehackt**

400 ml kaltes Wasser

Salz und Pfeffer

2 EL Kokosraspel

1 EL Kreuzkümmelsamen

1 TL schwarze Senfsamen

Chapatis, zum Servieren

1 Die Mungbohnen oder Linsen in einer Schüssel mit Wasser bedecken. 3 Stunden oder über Nacht einweichen, dann abgießen und abtropfen lassen.

2 Das Öl in einem großen, schweren Topf erhitzen. Zwiebel, Knoblauch und Ingwer darin bei mittlerer Hitze 5 Minuten weich dünsten. Kurkuma und Chillies zugeben und 1 Minute mitbraten.

3 Die Mungbohnen oder Linsen zugeben. Das kalte Wasser zugießen und alles mit Salz und Pfeffer abschmecken. Die Mischung zum Kochen bringen, dann die Hitze reduzieren und alles 10 Minuten köcheln lassen, bis das Wasser fast vollständig verkocht ist.

4 Inzwischen Kokosraspel, Kreuzkümmel- und Senfsamen in einer Pfanne ohne Fett etwa 1 Minute rösten, bis die Kokosraspel goldgelb geworden sind. Unter das Dal mischen. Heiß mit Chapatis servieren.

Pikanter Basmati-Pilaw

500 g Basmatireis

200 g Brokkoli

6 EL Pflanzenöl

2 große Zwiebeln, gehackt

250 g Pilze, in Scheiben

2 Knoblauchzehen, zerdrückt

6 Kardamomkapseln, gespalten

6 Gewürznelken

8 schwarze Pfefferkörner

1 Zimtstange oder 1 Stück Cassia-Rinde

1 TL gemahlene Kurkuma

1,25 l heiße Gemüsebrühe oder Wasser

Salz und Pfeffer

60 g Rosinen

60 g ungesalzene Pistazien, grob gehackt

1 Den Basmatireis unter kaltem Wasser waschen, bis das ablaufende Wasser klar bleibt. Abtropfen lassen. Den Brokkoli in Röschen zerteilen, den Stängel schälen, der Länge nach vierteln und diagonal in 1 cm große Stücke schneiden.

2 Das Öl in einem großen Topf erhitzen. Zwiebeln und Brokkolistängel darin bei schwacher Hitze unter häufigem Rühren 3 Minuten dünsten. Dann Pilze, Reis, Knoblauch und Gewürze zugeben und 1 Minute unter Rühren mitbraten, bis der Reis vollständig mit Öl überzogen ist.

3 Brühe oder Wasser zugießen und alles mit Salz und Pfeffer abschmecken. Die Brokkoliröschen zugeben und alles erneut aufkochen. Abdecken, die Hitze reduzieren und alles bei geringer Hitze 15 Minuten bei geschlossenem Deckel köcheln lassen.

4 Den Pilaw vom Herd nehmen und 5 Minuten abgedeckt ziehen lassen. Dann die Reiskörner mit einer Gabel leicht auflockern und Rosinen und Pistazien untermischen. Heiß servieren.

Fruchtiger Nuss-Pilaw

FÜR 4–6 PERSONEN

220 g Basmati-Reis

450 ml Wasser

½ TL Safranfäden

1 TL Salz

2 EL Ghee oder Pflanzenöl

60 g Mandeln, abgezogen

1 Zwiebel, in feinen Ringen

1 Zimtstange, in 2 Stücke gebrochen

Samen aus 4 grünen Kardamomkapseln

1 TL Kreuzkümmelsamen

1 TL schwarze Pfefferkörner, grob zerstoßen

2 Lorbeerblätter

3 EL fein gehackte getrocknete Mango

3 EL fein gehackte getrocknete Aprikosen

2 EL Rosinen

60 g Pistazien, gehackt

1 Den Basmatireis unter kaltem Wasser waschen, bis das ablaufende Wasser klar bleibt. Mit Wasser bedecken und 30 Minuten einweichen. Abgießen und gut abtropfen lassen.

2 Das Wasser in einem kleinen Topf zum Kochen bringen. Safranfäden und Salz dazugeben, den Topf vom Herd nehmen und die Mischung beiseitestellen und ziehen lassen.

3 Das Ghee oder Öl in einem großen Topf mit dicht schließendem Deckel bei mittlerer Hitze zerlassen. Die Mandeln darin unter Rühren leicht anbräunen, dann sofort mit einem Schaumlöffel aus dem Topf nehmen.

4 Die Zwiebel in den Topf geben und unter häufigem Rühren 5–8 Minuten goldgelb andünsten. Gewürze und Lorbeerblätter zugeben und 30 Sekunden mitbraten.

5 Den Reis in den Topf geben und rühren, bis die Reiskörner mit Fett überzogen sind. Das Safranwasser zugießen und alles zum Kochen bringen. Die Hitze reduzieren, das Trockenobst untermischen und den Topfdeckel auflegen. Den Reis bei geschlossenem Deckel 8–10 Minuten köcheln, bis er gar ist und die gesamte Flüssigkeit aufgesogen hat.

6 Den Topf vom Herd nehmen. Mandeln und Pistazien mit 2 Gabeln unter den Reis heben. Alles nochmals abschmecken, den Topf mit dem Deckel verschließen und den Reis 5 Minuten ruhen lassen.

Kokos-Sambal

ERGIBT CA. 150 G

½ **frische Kokosnuss (etwa
120 g Kokosfleisch)
oder 125 g getrocknete
Kokosflocken**

**2 frische grüne Chillies
(nach Belieben entkernt),
gehackt**

**2,5-cm-Stück frischer
Ingwer, fein gehackt**

**4 EL frisch gehackter
Koriander**

**2 EL Zitronensaft
(nach Belieben)**

**2 Schalotten,
sehr fein gehackt**

1 Mit Hammer und Nagel ein Loch in ein „Auge" der Kokosnuss schlagen. Die Flüssigkeit abgießen und aufbewahren. Die Kokosnuss mit dem Hammer aufschlagen. Die Hälfte des Fleisches herauslösen und klein hacken.

2 Kokosnuss und Chillies in einer Küchenmaschine fein hacken. Ingwer, Koriander und nach Belieben Zitronensaft zugeben und untermischen.

4 Wenn die Mischung zu trocken wirkt, etwa 1 Esslöffel Kokoswasser oder Wasser untermischen. Die Schalotten unterrühren. Das Sambal sofort servieren oder abdecken und kalt stellen. Es hält sich im Kühlschrank bis zu 3 Tage.

Pikante Linsensuppe

FÜR 4 PERSONEN

1 l Wasser

250 g Toor Dal
(Straucherbsen) oder
Chana Dal (gespaltene
Kichererbsen)

1 TL Paprikapulver edelsüß

½ TL Chilipulver

½ TL gemahlene Kurkuma

2 EL Ghee oder Pflanzenöl

1 frische grüne Chili,
entkernt und
fein gehackt

1 TL Kreuzkümmelsamen

3 Curryblätter,
grob in Stücke gerissen

1 TL Zucker

Salz

1 TL Garam masala,
zum Garnieren

1 Das Wasser in einem großen, schweren Topf zum Kochen bringen. Das Dal zugeben und abgedeckt 25 Minuten unter gelegentlichem Rühren köcheln lassen.

2 Paprikapulver, Chilipulver und Kurkuma einrühren und alles erneut 10 Minuten köcheln, bis das Dal gar ist.

3 Inzwischen Ghee oder Öl in einer kleinen Pfanne erhitzen und darin Chili, Kreuzkümmelsamen und Curryblätter unter ständigem Rühren 1 Minute anrösten.

4 Diese Gewürzmischung unter das Dal rühren. Dann den Zucker unterrühren und alles mit Salz abschmecken. Die Suppe auf vorgewärmte Suppenschalen verteilen, mit Garam masala bestreuen und sofort servieren.

Raita

**1 großes Stück Gurke
(etwa 300 g)**

1 TL Salz

400 g Naturjoghurt

½ TL Zucker

**1 Prise gemahlener
Kreuzkümmel**

**2 EL frisch gehackte
Koriander- oder
Minzeblätter**

Chilipulver, zum Bestreuen

1 Ein sauberes Geschirrtuch flach auf einer Arbeitsfläche ausbreiten. Die Gurke mit Schale auf das Geschirrtuch raspeln. ½ Teelöffel Salz über die Gurkenraspel streuen. Das Tuch fest einschlagen und die Flüssigkeit aus den Gurkenraspeln drücken.

2 Den Joghurt in eine Schüssel geben. Das restliche Salz, Zucker und Kreuzkümmel einrühren. Die Gurkenraspel untermischen. Das Raita nochmals abschmecken, abdecken und bis zum Servieren kalt stellen.

3 Gehackten Koriander oder Minze unterrühren und das Raita in eine Servierschüssel umfüllen. Mit Chilipulver bestreuen und servieren.

Naan-Brot

ERGIBT 10 STÜCK

900 g Mehl

3 TL Backpulver

1 TL Zucker

1 TL Salz

**300 ml Wasser, auf
50°C erwärmt**

1 Ei, verquirlt

**60 g Ghee, zerlassen,
plus zusätzliches Ghee
zum Ausrollen und
Bestreichen**

1 Mehl, Backpulver, Zucker und Salz in eine große Rührschüssel sieben und eine Mulde in die Mitte drücken. Wasser und Ei gut verquirlen.

2 Die Wasser-Ei-Mischung nach und nach in die Mulde geben und mit den Fingern ins Mehl einarbeiten, bis ein fester Teig entsteht. Zu einer Kugel formen und zurück in die Schüssel geben. Ein sauberes Geschirrtuch in heißem Wasser tränken, auswringen und die Schüssel darin einschlagen. Den Teig 30 Minuten ruhen lassen.

3 Den Teig auf eine mit etwas Ghee eingefettete Arbeitsfläche geben und flach drücken. Nach und nach mit dem zerlassenen Ghee beträufeln und gut verkneten, um das Ghee portionsweise einzuarbeiten. Den Teig in 10 gleich große Portionen teilen und diese zu Kugeln formen.

4 Das Geschirrtuch erneut in heißem Wasser tränken, auswringen und über die Teigkugeln legen. Die Kugeln 1 Stunde ruhen lassen. Den Backofen auf 230°C vorheizen und 1 oder 2 Backbleche in den Ofen schieben.

5 Die Teigkugeln mit einem leicht eingefetteten Nudelholz zu ovalen, 3 mm dicken Fladen ausrollen. Die heißen Backbleche mit etwas Ghee einfetten. Die Fladen auf die Backbleche legen und 5–6 Minuten backen, bis sie leicht aufgegangen und goldbraun sind. Aus dem Ofen nehmen, mit etwas zerlassenem Ghee bestreichen und sofort servieren.

Chapatis

ERGIBT 6 STÜCK

**250 g Vollkornmehl,
gesiebt, plus etwas mehr
zum Bestäuben**

½ TL Salz

150–200 ml Wasser

**zerlassenes Ghee,
zum Bestreichen**

1 Mehl und Salz in einer großen Schüssel mischen und eine Mulde in die Mitte drücken. Nach und nach so viel Wasser einarbeiten, dass ein fester Teig entsteht.

2 Den Teig auf eine leicht bemehlte Arbeitsfläche geben und 10 Minuten durchkneten, bis er glatt und geschmeidig ist. Zu einer Kugel formen, in eine saubere Schüssel geben, mit einem feuchten Geschirrtuch abdecken und 20 Minuten ruhen lassen.

3 Den Teig in 6 gleiche Portionen teilen. Diese mit leicht bemehlten Händen zu Kugeln formen. Eine Pfanne ohne Fett so stark erhitzen, dass ein Wassertropfen auf der heißen Fläche „tanzt". Jede Teigkugel zwischen den Händen flach drücken und auf einer leicht bemehlten Arbeitsfläche zu einem Fladen von 18 cm Ø ausrollen. Jeden Fladen in der heißen Pfanne backen, bis sich braune Flecken auf der Unterseite bilden. Wenden und von der anderen Seite backen.

4 Den Fladen erneut wenden und den Rand mithilfe eines Geschirrtuchs rundum auf den Pfannenboden drücken. Dadurch verteilt sich der Dampf im Teig und die Fladen gehen etwas auf. Die Unterseite goldbraun backen, dann wenden und den Schritt von der anderen Seite wiederholen.

5 Die fertigen Chapatis mit etwas zerlassenem Ghee bestreichen und sofort servieren. Chapatis werden am besten direkt aus der Pfanne serviert, können aber auch bis zu 20 Minuten in Alufolie warm gehalten werden.

Würzige Cashewkerne

250 g ungesalzene Cashewkerne

1 TL Koriandersamen

1 TL Kreuzkümmelsamen

2 grüne Kardamomkapseln

1 EL Sonnenblumenöl

1 Zwiebel, in dünnen Ringen

1 Knoblauchzehe, zerdrückt

1 kleine, frische grüne Chili, entkernt und gehackt

1 Zimtstange

½ TL gemahlene Kurkuma

4 EL Kokoscreme

300 ml heiße Gemüsebrühe

3 frische Kaffir-Limettenblätter, in feinen Streifen

frisch gekochter Jasminreis, zum Servieren

1 Die Cashewkerne über Nacht in kaltem Wasser einweichen, dann gut abtropfen lassen. Koriandersamen, Kreuzkümmelsamen und Kardamomkapseln in einem Mörser zu einem feinen Pulver zermahlen.

2 Das Öl in einer Pfanne erhitzen und Zwiebel und Knoblauch darin 2–3 Minuten unter Rühren dünsten, bis sie weich, aber nicht angebräunt sind. Chili, gemahlene Gewürze, Zimtstange und Kurkuma unterrühren und 1 Minute mitbraten. Kokoscreme und Brühe zugeben.

3 Die Mischung zum Kochen bringen, dann Cashewkerne und Limettenblätter zugeben. Die Hitze reduzieren und alles abgedeckt 20 Minuten köcheln lassen. Heiß mit frisch gekochtem Jasminreis servieren.

Matar Paneer

FÜR 4 PERSONEN

6 EL Ghee oder Pflanzenöl

350 g Paneer, in 1 cm großen Würfeln

2 große Knoblauchzehen, gehackt

1-cm-Stück frischer Ingwer, fein gehackt

1 große Zwiebel, in feinen Ringen

1 TL gemahlene Kurkuma

1 TL Garam masala

¼–½ TL Chilipulver

350 g Erbsen, Tiefkühlware aufgetaut, oder 600 g frische Erbsen, gepalt

1 frisches Lorbeerblatt

½ TL Salz

120 ml Wasser

frisch gehackter Koriander, zum Garnieren

1 Das Ghee oder Öl in einer großen Pfanne mit dicht schließendem Deckel bei mittlerer Hitze erwärmen. So viele Paneer-Würfel hineingeben, wie nebeneinander in die Pfanne passen, und portionsweise jeweils 5 Minuten goldbraun anbraten. Mit dem Schaumlöffel herausnehmen und auf Küchenpapier abtropfen lassen. Falls notwendig, zwischendurch etwas Ghee zugeben.

2 Die Pfanne mit dem Ghee erneut erhitzen. Knoblauch, Ingwer und Zwiebel darin unter Rühren 5–8 Minuten dünsten, bis die Zwiebel glasig ist.

3 Kurkuma, Garam masala und Chilipulver unterrühren und 2 Minuten mitbraten.

4 Erbsen, Lorbeerblatt und nach Belieben Salz untermischen. Das Wasser zugießen und alles zum Kochen bringen. Die Hitze reduzieren, den Deckel auflegen und alles 10 Minuten köcheln, bis die Erbsen gar sind.

5 Den Paneer zurück in die Pfanne geben und unter vorsichtigem Rühren in der Erbsenmischung erhitzen. Alles erneut abschmecken, mit Koriander garnieren und servieren.

Sag Aloo

FÜR 4 PERSONEN

500 g frischer Blattspinat, harte Stiele entfernt

2 EL Ghee oder Pflanzenöl

1 TL schwarze Senfsamen

1 Zwiebel, halbiert und in Ringen

2 TL Knoblauch-Ingwer-Paste

1 kg festkochende Kartoffeln, in kleinen Stücken

1 TL Chilipulver

125 ml Gemüsebrühe oder Wasser

Salz

1 In einem großen Topf Wasser zum Kochen bringen. Den Spinat in ganzen Blättern darin 4 Minuten garen. Gut abtropfen lassen. Auf ein sauberes Geschirrtuch geben, darin einrollen und auswringen.

2 Das Ghee oder Öl in einem anderen Topf erhitzen. Die Senfsamen darin bei mittlerer Hitze unter Rühren 2 Minuten rösten, bis sie ihr Aroma voll entfaltet haben. Zwiebel und Knoblauch-Ingwer-Paste dazugeben und unter häufigem Rühren 5 Minuten dünsten.

3 Kartoffeln, Chilipulver und Brühe zugeben und alles mit Salz abschmecken. Die Mischung aufkochen und abgedeckt 10 Minuten köcheln lassen.

4 Den Spinat unterheben und alles abgedeckt weitere 10 Minuten köcheln, bis die Kartoffeln gar sind.

Bombay-Kartoffeln

500 g neue Kartoffeln, halbiert

1 TL gemahlene Kurkuma

1 Prise Salz

4 EL Ghee oder Pflanzenöl

6 Curryblätter

1 getrocknete rote Chili

2 frische grüne Chillies, gehackt

½ TL Schwarzkümmelsamen

1 TL Senfkörner

½ TL Kreuzkümmelsamen

½ TL Fenchelsamen

¼ TL Asant

2 Zwiebeln, gehackt

5 EL frisch gehackter Koriander

Saft von ½ Limette

1 Die Kartoffeln in einen großen Topf geben und knapp mit kaltem Wasser bedecken. ½ Teelöffel Kurkuma und 1 Prise Salz zufügen und das Wasser zum Kochen bringen. Die Kartoffeln darin 10 Minuten gar kochen. Das Wasser abgießen und die Kartoffeln abtropfen lassen.

2 Das Ghee oder Öl in einer großen, schweren Pfanne erhitzen. Curryblätter und getrocknete Chili darin unter häufigem Rühren einige Minuten rösten, bis die Chili schwarz geworden ist. Restliche Kurkuma, frische Chillies, Schwarzkümmelsamen, Senfkörner, Kreuzkümmelsamen, Fenchelsamen, Asant, Zwiebeln und frischen Koriander zugeben und unter ständigem Rühren 5 Minuten dünsten, bis die Zwiebeln weich sind.

3 Die Kartoffeln dazugeben und alles bei geringer Hitze unter häufigem Wenden weitere 10 Minuten erhitzen. Mit Limettensaft beträufeln und sofort servieren.

Aloo Gobi

FÜR 4–6 PERSONEN

4 EL Ghee oder Pflanzenöl

½ EL Kreuzkümmelsamen

1 Zwiebel, fein gehackt

4-cm-Stück frischer Ingwer, fein gehackt

1 frische grüne Chili, entkernt, in feinen Ringen

450 g Blumenkohl, in kleinen Röschen

450 g große, festkochende Kartoffeln, in Würfeln

½ TL gemahlener Koriander

½ TL Garam masala

¼ TL Salz

frische Korianderzweige, zum Garnieren

1 Das Ghee oder Öl in einer großen Pfanne mit dicht schließendem Deckel bei mittlerer Hitze erwärmen. Die Kreuzkümmelsamen zugeben und 30 Sekunden unter Rühren rösten, bis sie knistern und zu bräunen beginnen.

2 Zwiebel, Ingwer und Chili zugeben und 5–8 Minuten unter Rühren dünsten.

3 Zuerst Blumenkohl und Kartoffeln, dann Koriander, Garam masala und nach Belieben Salz untermischen und alles 30 Sekunden unter Rühren anbraten.

4 Den Deckel auflegen, die Hitze reduzieren und alles unter gelegentlichem Rühren 20–30 Minuten dünsten, bis das Gemüse weich ist. Ab und zu kontrollieren, ob etwas am Pfannenboden ansetzt. Falls nötig, etwas Wasser einrühren.

5 Das Gemüse erneut abschmecken, mit frischem Koriander garnieren und sofort servieren.

VARIATION

Sie können die Kartoffeln auch durch die gleiche Menge Kürbisfleisch ersetzen.